聖母文庫

イエスの聖テレサと共に祈る

Francisco Javier Sancho Fermín,ocd
フランシスコ・ハビエル・サンチョ・フェルミンocd
伊達カルメル会 訳

聖母の騎士社

orar con...
santa Teresa de Jesús

por
Francisco Javier Sancho Fermín

2ª edición,2014

Editorial Desclée de Brouwer, S.A.,
Bilbao, España

「私たちを愛してくださっている御方と
たびたび二人きりで
親しさのうちに語り合う」

イエスの聖テレサ

目次

日本語版によせて

日本の方々にこの小さな作品を読んでいただけますことは、私にとっては過分な名誉です。私は常に日本の文化と人々の深い精神性に敬意を抱いてまいりました。ですから、祈りの普遍の師であるイエスの聖テレサの遺産が、日本人の深い精神的根源に力を与え、豊かにするための助けとなり得ると確信します。私はこの本が私たちの中にだれが住んでおられるのかという神秘に私たちが心を開いていく力を与え、そのことをより深く知るために役立つことを望んでいます。

祈りは、人間の中で超越的なものへ自己を開いていくうえで必要なものとして、また神と互いに話しあう方法として浮かび上がってきます。今日では、物質的なものや消費のみを中心とした生活は、私たちが切望する幸福を与えることはなく、精神的なものへと視線を向けることによって、必要な答えに出会えると自覚するようになりました。テレサの祈りは黙想、観想への道を歩み始める上でシンプルな方法です。しかも私たちの人生に真の価値を与えるものとしての発見へと開かれた道です。誰にとっても近づきやすい道であり、私たちの人生が神の無限の愛に包まれていることを発見させてくれる道です。この愛とは私たちの人生に真の幸せを与えてくれるものです。基本的にこのようにイエスの聖テレサが教えてくれる道とはシンプルなもので、この本にそのことを反映したいと思いました。

私たちが人生の意味と尊厳を確立する助けとなる師をおおいに必要とする今この時期に、テレサがその模範と教えをもって私たちの光の道しるべとなりますように、そして私たちが存在する上で真の発展が出来るよう導いてくださいますように。

この機会にこの本を翻訳してくださった松岡順子、安場由両氏に感謝を捧げたく思います。細心の注意を払い、熱心に日本語版への実現を可能にしてくださいました。

また日本の跣足カルメルの家族―修道士、シスター、在俗カルメルの方々―の皆さまに、彼らの友愛と熱意を感謝します。そして伊達跣足カルメルのカルメリットの皆さんに特別の感謝を捧げます。

フランシスコ・ハビエル・サンチョ・フェルミン ocd

アビラ、二〇一九年五月二十七日

推薦のことば

さいたま教区 司教
マリオ 山野内倫明

北海道の伊達市にあるカルメル修道会の姉妹から、イエスの聖テレサについての小さな本書が届きました。そのおかげで、私自身、聖女の祈り方や神との一致の体験について、改めて味わうことができました。

そして、シスターに貴重な本書の紹介を頼まれました。それは、テレサの生涯における霊的な旅で培われた神との一致の道を大勢の人々に知らせ、直接聖女に導かれてその体験を少しでも味わえるよう勧めたいとの願いからでした。

本書とその原文を送っても良いかと私に電話をくださった際、シスターは「その内容自体は短いですけれど、人生において本当に神との出会いを望む人々にとっては良い助けとなると思います」とおっしゃいました。

シスターのそのことばは、イエスの聖テレサについて再び熱心となるようにとの神からの呼びかけとして私の心に響きました。併せて、2006年のスペインへの巡礼（アビラ、セゴビア、アルカラ・デ・エナレス、トレド）、そして当時読んだ伝記、特に、ホセ・マリア・ハビエル著（シーゲメ出版、サラマンカ）のことを思い出しました。

実は、シスターから電話を受けたとき、幸いなことに、私は、昨年すでに、“Teresa de Avila y la España de su tiempo”（「アビラのテレサと当時のスペイン」）、ホセ・ペレス著、アルガバ出版、マドリード　2015年、4版）を熱心に読んだばかりでした。

私は、本書を手に取って最も衝撃を受けたのは、聖テレサが創立者として持っていた直感、すなわち、可能であれば跣足女子カルメル会の共同体を設立する場の基準は、深い霊性神学に基づいた養成を受けた良い霊的指導者を見つけることができる場所である、という直感でした。そのおかげで、シスターの願いを受け入れることができました。

本書、「イエスの聖テレサと共に祈る」を読んで、祈りは神との一致に導くこと、そして、この神との一致を通じて、人間は神の似姿へと変えられていく、特に、忍耐を持って苦しみを自分の身にすることを学ぶことを通して、との確信が私の記憶の中から蘇りました。

最後の2つの章は、私の個人的な祈りの時に具体的な助けとなりました。聖テレサに同調するつもりで、私は1カ月以上、本書で選ばれた彼女の祈りを使用し、また、彼女のテキストのいくつかを黙想の時間に味わうことができました。（聖女の当時のスペイン語を読み取るには時間を要しましたが）。

そして、本書との出会いの後に、私は聖女についてのもう1冊の書物“Teresa de Avila: Biografía de una escritora”「アビラのテレサ。ある作家の伝記」(イカリア出版、スペイン、1977年、2版)を読みました。それは、シスターから受け取った本書の内容を深めるために大いに役立ちました。その作家の観点から描かれた彼女の人生は、彼女の時代の社会的・文化的背景を基にして、彼女自身のごく人間的な経験が書いてあることは称賛に値します。彼女は真の冒険家であり、時のしるし、特に、スペインの宗教的・歴史的背景、また、新しく発見されたアメリカ大陸から届く自身の兄弟や他のスペイン人のニュースも精査しながら聖霊に導かれて書かれていると感じました。そして、彼女が一生涯に渡って負う様々な病気や家族と親戚とのやり取り、教会と社会との複雑な関係、経済的立場の異なる数多くの家族との関わり方などを貫いたのも大いに称賛されるべきものです。

テレサにとって、念祷とは「自分が神から愛されていることを知りつつ、その神と、ただ二人だけで度々語り合う、友情の親密な交換に他なりません」(自叙伝8・5）。つまり、祈りとは、友情の絆で結ばれた者たちの出会いの場なのです。

本書「イエスの聖テレサと共に祈る」の読者も、聖女に心を寄せ、一緒に歩みながら主との親しさを探求し、深めていくことが出来ると確信します。

序 文

「主よ、わたしたちにも祈りを教えてください」。弟子たちは、イエスにこのように願いました。自分たちが真の祈りができないことを自覚し、父なる神との交わり方を知りたいと告白したのです。

幼いころから宗教的伝統の中で祈ることを学んできた人々が、このような言葉でイエスに話しかけるのは逆説的な感じがします。これは多分、師の祈り方が、自分たちの宗教的慣習のなかで育んできたものと異なっていることに気付いたから、そしてイエスの教えが、自分たちが教えられてきた神のみ顔とは異なっていること、また思いもつかない、そしてかつてなかった方法でイエスが人々と接しているからでしょう。このことから次の言葉が思い起こされます。「新しいぶどう酒は、新しい革袋に入れるものだ。」（マルコ２・22）

夜になると山に行かれ静寂の中で御父に祈られるイエス、ファリサイ派の人々の祈り方を厳しく批判されるイエス、そんなイエスに弟子たちは無関心ではいられませんでした。ですから「どのように祈るのか?」、「どのように律法の根本的な義務を果たせば良いのか?」と教えを乞うたのでしょう。

イエスは神を父「アッバ」と呼び、受肉された神として、私たちを友と呼ぶ神の新しさのうちに、典礼や礼拝もまた神がイエスを通して示される新しい方法に改めなければならないことを認識していました。そこでイエスはサマリアの女に次のように言いました「まことの礼拝をする者たちが、霊と真理をもって父を礼拝する時が来る。今がその時である。」(ヨハネ4・23)

イエスは最も近しい友人たちにどのように祈るのか、すなわちどのようにして父なる神と関わりを持つかを教えていました。それは儀礼的なものではなく、親しさのうちに、多くの言葉ではなく心をもって、型にはまった祈りではなく「お父さん」(アッバ)と語りかけるのです。神との関係、体験に重きを置いた新しい祈り方です。

二十世紀の偉大な神学者カール・ラーナーは、神との個人的な出会いへの招きとして、福音の祈りの実存的次元であるパーソナルな関係を回復する必要があると強調しています。「常に真実である一つの事、それは、人間はパーソナルな神体験ができるということです。ですから私たちの司牧は常にどんな状況にあっても、この正しい目標を持っているべきです。人が神と今までも共にいたこと、そしてこれからもそうであるという体験を支えていくことはかつてなかったほど重要なことです。」

テレサはこの福音のダイナミズムのなかで行動します。テレサの祈りのプロセスに入るにあたり、現代世界が直面する二つの面から今教会が提案するプロセスを認識するのは興味深いことです。それは一つには教皇ベネディクト十六世と教皇フランシスコが信仰年に表明した「新しい福音宣教」の必要ともう一つは信仰生活の活性化です。

その例が二〇一二年十月二十四日（水）にサン・ピエトロ広場での一般謁見において教皇ベネディクト十六世が行った講話のなかに表れています。この中で教皇は信仰生活の必要性を非常に明快に説いていますが、それは祈りによってのみ深く掘り下げられ、生き、活性化されます。基本的には既に聖テレサが五世紀前に同じことを指摘していました。

● 信仰とは、私を愛してくださる父である神に自由に身を委ねる行為であり
● 信仰とは、私に希望と信頼を与えてくださる「あなた」と一致することであり
● 信仰とは、人間の悪を前にしても衰えることのないこの神の愛を信じることであり
● 信じるとは、私を支え、単なる永遠のあこがれではなく現実のたまものである不滅の愛を約束してくださるこの「あなた」である神と出会うことであり
● 信じるとは、どのような困難や問題の中でも、母である「あなた」と共にあれば安全であることを知っている幼子のように神に身を委ねることであり
● キリスト教の信仰とは、わたしと世界を支えていてくれる深い意味に信頼を

もって身を委ねることです。わたしたちはこの意味を自分自身で生みだすことは出来ず、むしろそれをたまものとして受け入れることしかできません。

真理のうちに生きるためにこれら一つ一つのことは、福音的、かつ祈りに生きるテレサの方法につながった生活空間とパーソナルな関係をもてる場を必要とします。現実に教皇ベネディクトが強調しているように、信仰は人と神との個人的な関係から生まれ、そこに基盤が置かれるのです。

テレサにとって信仰とは人生におけるパーソナルな行為でありイエス・キリストと三位一体との関係なのです。この意味で、一貫した真の信仰を生きたいと願っている全ての人たちにとって、テレサは霊的生活の模範であり師です。真の信仰を生きるためにはクレド（信仰宣言）を越えてこれらの真実を生き、自分の生き方に反映させることです。そしてそれこそが神との親しさの道なのです。

キリスト教の歴史を通して多くの男女は、一貫して自らの信仰をイエスの教えや模範に照らして生きる必要性を真剣に考えてきました。もちろん度々時流に逆らって歩まなければならないこともあれば、典礼主義に脅かされた間違った祈りの概念や実践から解放されなければならないこともありましたが。この証人の一人がイエスの聖テレサです。教会は彼女を祈りと霊性の師と認め、一九七〇年に最初の女性の教会博士として宣言しました。

彼女は当時の極端に階層化され法律尊重主義の社会の中にあっても、イエスとの、そして神とのふれ合いを求めて福音書の新鮮さに立ち戻る術を知っていました。教会法の儀式化を重んじる風潮のために、典礼や祈りが民衆にとって近づきにくいものになっていましたが、テレサはその生き方と模範をもって、親しさの内に祈ることを広めていきました。神を友として、兄弟として、配偶者として接する一人の女性のこの大胆さは、何も新しいことではなく、イエス自身の模範と教えを踏襲したのでした。当時も今日もなお、神と親しく接することを否定する人々は福音書の大きな新しさにまだ出会っていないからです。

この意味においてイエスの聖テレサの祈りについて話すことは、人間をご自分にかたどってその似姿に造られた神が、私たちと関わることを過去も現在も望まれておられるように、福音の祈りの本質を話すことに他なりません。同時にテレサにとって真の祈りの人でなければ、すなわちイエスとの親しさを培う人でなければ、キリストに従う人とは言えないのです。

もちろん、テレサは祈りの技術や選択肢についてではなく、イエスに従う者すなわち全てのキリスト者がその人生において心に留め、温めていく道を言っているのです。テレサにとって祈りとは、「神の友」であり、キリストに従う者の生き方なのです。そして神が私たちに望み、待ち、必要としておられることは、私たちが神の友であること、そうです、真の友であることです。

この本を通して、イエスが望まれているように私たちが祈れるよう、テレサに教えて頂きましょう。誰もそれが難しい道であると考えませんように。ただ進んでその気にならなければなりません（テレサなら「固い決意を持って」と言うでしょう）、なぜなら神は私たちの友になることを私たち以上に望んでおられるからです。「神が飽くことなく与え続けられるように私たちも受け続けましょう。」

テレサが私たちのこれからの神との親しい歩み、神を友とする歩みを助けて下さいますように！

二〇一四年一月六日

1. テレサの生涯における祈り

イエスの聖テレサの生き方に近づくことは、キリストに従って真に生きることを求め続けることです。人々はいつの時代においてもテレサの作品の中に、イエス・キリストとのいきいきとしたパーソナルな関係を生き始めることを見いだし、更にそれが意味することの手がかりをも得てきました。イエスの聖テレサの著書は、私たちに繰り返しこの祈りについて語っているだけでなく、気がつかないうちに私たちを祈りに没頭させています。彼女の人生は、徐々に神の近さと揺るぎない神の現存のうちに自然に生きるようになっていきました。

しかし、その道は彼女自身が「自叙伝」で証言しているように容易なものではありませんでした。なぜなら一つには絶えず神に心を開き続けることに個人的限界があったこと、また祈りの道を始めるにあたって霊的指導、支え、助けがいつでもあった訳ではなかったからです。

幸運なことに、祈りに潜心する道のりの中で彼女が一番大事にしていたものを私たちに示し理解させてくれる彼女の生涯の証しが残されています。

誰にとってもそうであるように、テレサは自らの道を切り開き、自らの過ちから学び、祈りの道のなかで主が彼女に向けた「呼びかけ」に注意を払わなければなりませんでした。

イエスの聖テレサが最初の大きな作品「自叙伝」を書き終えたときには既に五十歳になっていました。人間的、精神的成熟に辿り着いた後に、彼女は自分の生涯を感謝のまなざしをもって、その時々とはまた異なった視点から自身の生涯を再び読み返すことができたでしょう。彼女の歩んだ道において神は常に彼女と共におられました。それはテレサが神に会おうとしていなかったり、知らないふりをしている時でさえいつもそうでした。特に、彼女の人生が成熟するにつれ、祈りのお陰でその道に出会うことができたことを充分認識していました。この本を執筆した時点でのテレサの人としての成熟は祈りの恩恵によるものにほかならないと言えるでしょう。

このような認識のもとに彼女はためらうことなく「あわれな罪深い生活」について語っています。神の憐れみの働きかけを意識した時に、神が私たちに用意してくださっている大きな宝の前にある扉を開き、誰もが通り抜けることができる道に魅了されます。さあこれからテレサの生涯に近づき理解していきましょう。それは言い換えれば、祈りの道の最も重要な中心部に私たちがひたすら心を向ける鍵となるテレサにおける神の物語にほかなりません。

a．真理の道

幼少期の思い出の中で、彼女自身が神に関する事や神が聖人たちに与えた大きな善を楽しむことに興味を抱いていたことを強調しています。その幼い信心が彼女に殉教者か隠遁者になりたいという望みを抱かせました。しかしこの「子供の夢」をとおして、確実に彼女に強い影響を与えたのは、真理の探究への姿勢と心の開きです。

「このことについて私どもはたびたび語り合い、『永遠に、永遠に、永遠に』と

幾度も繰り返しますと、主は、私が幼いにも拘わらず、真理の道が何であるかを悟るお恵みをくださいました。」（自叙伝1・4）

その真理についての認識は幼稚なものではありましたが、特に神との出会いについて、そして内面の開きについて彼女の生涯を通じ強く心に残るものがありました。

実際、思春期初期の、神の秘義へと心を開いていく傾向は、母親の死に直面した時に、自らを聖母マリアのみ手に委ねさせました。

「母が亡くなったころ…自分がいかなるものを失ったかがわかりはじめておりましたので、悲嘆にくれて聖母のご像の前に行き、たくさんの涙を流しつつ、聖母マリアに母の代わりとなってくださるように懇願いたしました。わたしの祈りは単純なものでしたが、よく聞きいれていただけたように思われます。なぜなら、私は、聖母にお頼りするたびごとに、お助けをこうむったことはきわめて明らかですから。」（自叙伝1・6）

ここで、テレサが私たちに残してくれた最初の頃の祈りを見てみましょう。それが神へのどんな率直な近づきかたであっても、更にその時点においてはっきりと自覚が出来ていなくとも、この神への近づきというものは必ず有効なのです。これはテレサの祈りの基本となる原則です。そして私たちの祈りが願った通りの結果をもたらさなくとも、常に聞き入れられ、受け止められていると信じることです。この事を念頭に置いてテレサと共に祈りましょう。

「ああ主よ、あなたは私を救おうと決意されたように思われますし（どうぞそれが主のみ心でありますように！）あらゆるお恵みで私をお満たしくださいました。それですのに、主が、このように絶え間なく住み給うべき一つの住居が、これほど汚れを受けないほうがよいと、なぜお思いくださらなかったのでしょうか？　それは私自身の益のためでなく、あなたにささげるべき尊敬のためでございます。ああ、わが神よ、こう申すだけでも私は恥ずかしゅうございます。なぜなら、あやまちはみな私からきていることを知っておりますから。そしてこの年ごろから、すでに私が全くあなたのものでありうるために、あなたはこれ以上何を私のためにすることがおできになったでしょうか。」（自叙伝1・7）

このテレサの祈りから見えてくる確信は、私たちにとってその実践が時折であろうと疑いなく、祈りにおける力と意義を確認する上での大きな励みになります。テレサが明言するように、真の祈りの生活からもたらされる大きな益を深く感じ取っていきましょう。

b. 神は私を解放してくださった

思春期は若いテレサにとって危機的時期でした。母親の死に会い、この年ごろ特有の衝動に駆られ、祈りの実践には冷めていました。世事に影響され、気がおもむくままに動いているうちに、神への恐れが消えていったのです。しかしながらそのような状況にあってもテレサは神が「これらのすべての危険に私が陥らないようにと」お救いくださったことを認識していました。(自叙伝2・6)

テレサが世間的な生活をすることに、父親は心配し更に大きな悪に染まらないようにと彼女をサンタ・マリア・デ・グラシア修道院に入れました。そしてこの環境のなかでテレサは「幼児の頃の良い習慣をとりもどしはじめました。」そして「聖主は、私をご自分に引き戻す手段を求めに求めていられた」ことに気が付いたのでした。（自叙伝2・8）テレサは神が決して彼女のそばを離れることがなく、無理強いもしないことを確信します。

この状況にあって、テレサはまだ真の祈りを意味するものには到達していなかったとしても、祈りが彼女の生活の中によみがえってきました。「私はたくさんの口祷を唱えはじめ、神にお仕えできる生活に私をお導きくださるよう神にお願いしていただきたいと、皆さんに懇願いたしました。」（自叙伝3・2）

ある病気によってテレサが修道院から去らなければならなかったとき、テレサは祈りの初期段階でしたがきわめて重要な出会いがあり、その口祷や念祷に変化が起こってきました。神について語り、霊的読書を薦めたペドロ叔父との出会いによってテレサの祈りへの理解が広がっていきました。

「私は、おじのところにはわずかしか留まりませんでした。けれども、読んだり聞いたりした神のお言葉や、聖なる人とともにいたことが、私の心に強い印象を与え、幼い時から学んだ真理が、もっとはっきりわかるようになり、地上のものごとの虚無、世間のむなしさ、人生の短さ、などを悟りました。私はもしも死がきたならば、自分は地獄への途上にあることを考えて、おののきはじめました。私はまだ、修道生活に入ろうと決意することはできませんでしたが、この身分が最もよく、最も確かなものだということはもうわかりました。こうして私は、この生活にはいるために自分を強制しようと次第に決心するようになりました。」（自叙伝3・5）

テレサはそのことにまだ気づいてはいなかったのですが、彼女に問いかけ、自己認識と真実へと導いていく神との関係に根ざした新しい祈り方を始めていました。「幼児のときの真実」とは、テレサははっきりとは自覚していませんでしたが、常にそばにおられる神との、この関係に立ち返ることに他ならなかったのです。

c． あふれる神の憐れみ

「修道生活に入るように私を決意させたのは、神の愛よりも、むしろ奴隷的恐れであったように思われます…」（自叙伝3・6）カルメル修道会のエンカルナシオン修道院へ入会することとなった彼女の修道召命の動機がこの言葉にも見て取れます。祈りは、自身のあり方やどのように神に仕えるかということを認識する助けとなりました。しかしこれは幾多の困難を克服していかなければならない道のりの始まりにすぎませんでした。

彼女の決意は父親の賛同は得られなかったものの、霊的読書や祈りによって支えられました。この祈りによって、テレサも認めるように後に非常に良い効果を得ました。

「私が修道服をいただきました瞬間に、聖主は、ご自分の愛のために、おのれに打ちかつことを知る者にどのようなお恵みを与えられるかを悟らせてくださました…ただちに私は、やっと修道生活にはいったことに非常な喜びをおぼえ、この時から、私は、この喜びを味わうのを決してやめたことはありません。神は、私の霊魂の渇ききった状態を、ご自分に対する最もやさしい愛に変えてくださいました。」（自叙伝4・2）

テレサはどこからこのような喜びが来るのか分かりませんでしたが、内面の大きな変化を体験し始めるようになりました。神と新たな方法で関係を持つことによって得られる豊かさを享受しましたが、この時点ではまだ十分にそのことを認識していませんでした。ただはっきり確信していたのは、「よい霊感が、私たちに、たびたび何かを要求するような時、天性のおぼえる恐怖に耳を貸すようにとは決して自分は勧めない事でしょう。」それにもかかわらず、神が彼女に絶えず与え続けた大きな愛のしるしに対し、充分に注意を払っていませんでした。

「もしも私が、いくぶんなりともあなたが私に示しはじめられた御慈しみにおこたえしておりましたなら、私はあなたしかお愛しすることができず、この愛は私のすべての悪をいやす術となったことでしょう。けれども私は、それに値しませんでした。私はこのような幸福を有しませんでした。ああわが神よ、せめて、このののちは、私に御憐れみをたれ給わんことを！」（自叙伝4・4）というのも、まだ歩むべき道、すなわち神を友としての関係での祈りを見いだしていなかったからです。彼女自身が、自分の意図するところは概して悪くはなかったと次のように告白しています。「念祷をはじめるようになってから、私のうちに燃え立った—と私に思われる—この神の愛を、その時はまだ持っておりませんでしたから。」（自叙伝 5・2）

修道院から出なければならなくなり、そしてその後修道院に戻ってからも彼女を打ちのめす原因となった病気の全期間を、祈りとその実践によって達することができた成熟によって乗り越えられた時、彼女自身次のように語っています。「私が当時、やりはじめた念祷を用いて、これらすべての苦しみを、主の聖旨とのあれほどの一致のうちに忍ぶよう前もって私を準備してくださったように思われます。」（自叙伝5・8）間もなくテレサは、神との親しさの道を歩み始めたことによって、彼女の人生にもたらされた大きな益を認識するようになりました。彼女が病いの克服を望んだ理由は、「主と二人きりでいるためには病室にいては容易な事ではありませんでしたから。」（自叙伝６・２）という言葉から推測されます。

祈りにおける粘り強さは徐々に神へのより大きな愛へと変わっていき、また振る舞いも変わっていきました。次のように彼女自身でまとめています。

「神から、念祷のたまものをいただいたのは私にとってたいしたことでした。それは、私に神をお愛しすることはどういうことかを悟らせてくれました。このわずかの間に、これから私がお話ししようとするいろいろの徳が、現れてきました。とはいえ、これらの徳はあまり堅固なものではありませんでした。正義のうちに私を支えるだけの力をもっていませんでしたから。とにかく、その例をあげますと、私はごくわずかでも人を悪く申しませんでした。かえって自分について言われたくないことは、人について言っても、望んでもならないということを決して忘れず、いつも、あらゆるそしりを避けておりました。私は機会があるごとに、きわめて周到な注意を払って警戒いたしましたが、時として、もっとデリケートな場合があって、ちょっと過失がそこにすべりこむこともありました。しかし、それは私の平素の行いに反することでした。私は姉妹がたやお会いする人々にもこういう方針を取るようにさせましたので、彼らもそうすることが習慣となりました。それで、人々は私がいる所では、そこにいない人々の評判の傷つけられる恐れがなく、また私の友だちや親せきの者、あるいは私が教えた人々のいる所でも同様だと確信するようになりました。けれども他の点について、彼らに与えた悪い模範のために、私は神にご報告申し上げるべきことが大いにあるのです。」（自叙伝6・3）

d. 私のうちにイエス・キリストを臨在させる

テレサは病気によって修道院から去らなければならず、そして叔父のペドロとの再会は、主が彼女にくださるお恵みに、日ましに自覚を深め成長する機会となりました。この発見の鍵となったのがフランシスコ・オスナの「第三念祷初歩」で、これは潜心の内的祈りへの手引き書です。テレサが手にとった他の本と同様に、この本は祈りの道に確実に入れるように人々を導くうえで大きな助けとなることをテレサは確認しました。ですからこの道を辿りたい人々にテレサが霊的良書を読むようにと常に勧めていたことは何の不思議もありません。

この本が彼女にとって大変助けとなったことを、テレサは次のように語っています。

「私はまだ、どういうふうに念祷をするのか、またどのように精神を集中するのかを知りませんでした。それでこの書を開いた時の私の喜びは大きゅうございました。そして、この本が規定する方法に全力をあげて従おうと決心いたしました。聖主は私にすでに涙のたまものをお与えくださり、また読書は楽しみでしたので、私は孤独の時間を求め、たびたび告解し、この本を導き手として、潜心の念祷の道を歩み始めるようになりました。私は師を、つまり、私を理解しうる聴罪司祭を見いだすことができませんでした。それにそういうかたは、この当時から二十年間、さがしても見いだせなかったのです。そのため私の霊魂は実に大きい損害をこうむりました。私の霊魂は、度々、後退し、まったく身を亡ぼしてしまう危険にさえさらされました。よい指導者があったなら、私は自分がはまり込んでいた神にそむく機会から救い出していただくことができたでしょうに。」（自叙伝4・7）テレサはほぼ二十年間、念祷の道を歩むうえでくじけることが無いようにと常にこの本を支えとしてきたことを認めています。ここに彼女がこの道を一人で歩くことなく、また迷わずに前進できるように指導し、支えてくれる師と出会う必要性に固執する理由が浮き彫りにされています。

彼女が祈りを始める方法はとてもシンプルです。この単純さこそ後に私たちに伝えたかったものです。その根底にあるのは、キリストが私たちの傍におられるという信仰の確さの上にたった祈りに他ならないのです。

「私は、私の内部に臨在される私どもの宝であり、師にましますイエズス・キリストをながめるようにできるだけつとめました。これが私の念祷のやり方でした。ご苦難の何かの奥義を考えます時は、それが私の霊魂の内部で行われていると考えました。しかし良書を読むことはもっと好きでした。それに、それが、私の霊魂の喜びのすべてでした。実際、聖主は、悟性を用いて、色々考える才能も、想像力を利用する才能も私にお与えくださいませんでした。この能力は私においてあまりにも無気力なので、あらゆる努力を試みても、私は聖主の聖なるご人性を考えて、それを想像に描きだしてみることは、どうしてもできませんでした。」（自叙伝4・7）

テレサはここに彼女の祈りの方法、言い換えれば祈りの始め方を示してくれますが、それは全ての人にとって「そうであらねば」という方式でも方法でもないことを彼女は分かっています。一人ひとりがその人なりに、能力に応じて独自の方法や手段を選ぶべきでしょう。一番大切なのは、主の現存の認識を深めることにあります。

テレサにとって確かなことは、次にのべているように、長年、本が念祷に不可欠な支えであったことです。

「ご聖体拝領のあとでないかぎり、私は本なしで念祷をはじめる勇気は決してありませんでした。私の霊魂は、この助けなしで念祷を始めることに対して、群れなす敵と戦わねばならないかのような恐怖をおぼえました。しかし本は私の伴侶のような、あるいは、数多い雑念の矢から私を守る楯のような役を果たし、この助けをかりて、私は慰めを受けつつ進みました。乾燥状態は間断なしではありませんでしたが、書物が欠けますと、私はただちにそこに陥りました。そして心は乱れ、思念は散逸してしまうのでしたが、本をとればそれらをすこしずつ引きもどすことができました。本は私の霊魂を引き上げる餌のようなものでした。たびたび、本を開くだけで、もう充分でした。時としては、少し読み、ほかのときには、主が私に与えられたお恵みにしたがって多く読みました。」（自叙伝4・9）

祈りの道においてのこの自助方式は、彼女の人生において有益でした。そのために、私たちにも確信をもって歩める祈りの道の方法を求める必要性を強調したのです。それにも拘らず、彼女は特に独りで歩む場合には、どんな方法であろうとも絶対化してしまう危険性があることを指摘しています。ですから私たちが使う方法がより豊かに実るように経験豊かな師に師事する必要性を次のように力説するのです。

「書物と孤独のおかげで、私がいただいていた大きな宝をいかなる危険も私から奪い取ることができないように思われました。もしも私に、危険な機会が生ずるや、ただちにそれをさけるように注意してくださり、あるいは、もしもそこにはまりこんでしまったら、少なくとも、すみやかに、そこから出るよう私を助けてくださる指導者なり師なりがありましたなら、神のご助力によってそのとおりこの大きな宝を失なわなかったことでしょう。その時、もしも悪魔が公然と私に打ちかかってきましたなら、どんなことがあろうとも私は、重い過失に引きこまれるようなことはなかったでしょうと思います。けれども、悪魔はあまりにもじょうずで、私はあまりにも悪い者でしたので、あらゆる決心もたいして役に立ちませんでした。」（自叙伝４・９）

　彼女の体験は、確実に私たちをこの道へと導こうとする根本的なガイドラインとなるでしょう。そして私たちがしっかりと目を開いていられるようにと支えてくれるふさわしい人がいない限り、ここには自信過剰或いは霊的傲慢《れいてきごうまん》さに走る危険性が常に潜んでいます。

e．神の大いなる慈しみに驚嘆《きょうたん》する

テレサは私たちに祈りの方法を語っていくと同時に、彼女のうちに芽生えていった変化についても示しています。その初期には自己認識と彼女自身の奥に隠れている罪を見つけることに加え、神のみ顔の発見に努めました。神である友との絶え間ない出会いは、交わりへと変化していきました。というのも自らを与え始めるとき友情は、それまでの考えや概念を超えて、その人そのものを受け容れ知っていくことに他なりませんから。

確かなことは、神が誰であるかという発見は、テレサの人生においてそれまで神について持っていた先入観から解放されていくことを意味します。この道は、彼女自身も次のように言っているように、今まで知らなかった神を見つけていくことです。

「たびたび、私は神の大いなる御慈しみを思って、驚嘆し、そして私の霊魂は、神の大らかさや無限の御憐れみの思いに法悦にひたっておりました。主は、そのすべての恩恵のゆえに永遠に祝せられたまえ！　なぜなら、私は、はっきり見たのですが、ごく、ささいなよい望みでも、もうこの世において、すでに、主はそれをお報いにならぬということは決してありませんでしたから。私のわざがどんなに悪く、不完全なものであったとしても、このよき師は、少しずつそれらをよくしてくださり、完成してくださり、それらに価値をつけてくださいました。私の過失や罪はといえば、主はすみやかにそれらを隠しておしまいになるのでした。そして、ただいま聖主は、こういう過失や罪の証人であった人々が、もはやそれらを見ず、思いだしもしないことをお許しになります。主は私の過失に金をかぶせてくださいます。そして、私が、どうしても受けなければならないようにして、わたしのうちに御自らお置きになった徳を輝かせてくださいます。」（自叙伝4・10）

祈りは、寛大であわれみに満ちている親密な神、友人である神、善である神を知るようにと導いてくれます。しかしながらそれは中身が空虚な形容ではなく、テレサ自身が証言しているように個人的な体験が実を結んだものなのです。人生やその人に起こることとの結果の受け止め方は、祈りを通して自らの成熟に必要な内的・外的変化の過程へと導きます。

善である神との出会いで、テレサはいっそう強い自覚をもって生きるようになり、世俗的な満足と、神が常に彼女に示したあわれみとを両立させることはできないとの認識も深まっていきました。テレサは自分を罪人としてみたくないあまり、自尊心を傷つけないよう、言い換えれば自分の真の姿を受け容れなくて済むようにと、あえて祈りから遠ざかるという誘惑に陥りました。次のように語っています。

「いまも思いだしますが、念祷することもあえてできなくなることがたびたびでした。それは、神にそむいたために、念祷中に感ずべき、ひどい悲哀を大きな罰として、恐れたからでした。」（自叙伝６・４）

テレサは神の偉大さを体験することによって生き方を変えていきました。それにもかかわらずエゴやまわりに引きずられてしまう傾向が彼女の祈りを妨げていました。そして自身の真実にこれ以上向き合わなくて済むように、祈りを捨てるところまで来てしまいました。遂に生活の様式を変えるほどの危険を冒したのです。

「それで、私は気晴らしから気晴らしへ、むなしいことからむなしいことへ、罪の機会から機会へと行きはじめ、ついに最も大きな危険にあまりにも身をさらし、数々の軽佻《けいちょう》なことによって霊魂を堕落《だらく》させてしまうようになりましたので、神に近づき、念祷の、あのように特別な親密さの内に神と語らうことが恥ずかしくなりました。私にこの恐怖を抱かせた原因、それは私のあやまちの数が、ますます多くなり、以前には徳の実行のうちに見いだしていた味わいや、喜びを失いはじめたことでした。おおわが主よ、これらのお恵みが私から遠のいたのは、私があなたから遠ざかったためであることを、私はたいへんはっきりわかっておりました。これは、謙遜の口実のもとに、悪魔が私を陥れることのできた、わなの中で最も恐ろしいものでした。私は自分があまりにも不忠実なのを見て、念祷することを恐れはじめました。私は悪い修道女のなかでもいちばん悪い者で、悪魔

の伴侶となるに価し、見かけがよいために、皆をだましていたのですから。」（自叙伝7・1）

そしてテレサがこのような状況を私たちに語るのは、祈りを捨てる誘惑、或いは良心の呵責《かしゃく》を覚えない程度の一連の決まった祈りだけを唱える状態から身を守るようにとの配慮によります。実際は心の奥では自分の限界や貧しさを見たり受け止めたくないというエゴに他ならないのに、自分は神の偉大な愛を受けるにふさわしくないという口実をもって、私たちは容易に自らをだますことができるのです。

f．自らの真実を受け入れることを学ぶ

テレサは自身の人生において祈りがどんなに大切であるかということを確信するに至りました。実際、父親に祈りを実践するようにと勧めています。祈りから逃げるために個人的な言い訳を探し、祈りを放棄するような時期もありましたが、父親の死後そして聴罪師の勧めもあって、決して二度と後戻りしない道を歩むよ

うになりました。

それは鏡を見るように、自分の祈りに映し出されたその生き方の真実を受け入れなければならないという困難な道でした。

「私の生活は最も苦しいものでした。念祷のおかげで、わたしは自分の過ちをよりよくわかりましたから。いっぽうで、神が私を呼び給うとすれば、他方で私は世間に従っておりました。神に関することが私に最も貴重な慰めをもたらすいっぽう、世間のことが、私をとりこにしていました。私は霊的生活とその慰謝《なぐさめ》、そして、世間的な享楽と気晴らしという、相互に全く敵対するこれらの二つのことを、妥協させようとしていたかのようです。私は念祷の間に真の責苦を受けていました。精神は主《あるじ》ではなく奴隷でした。それで、無数のむなしい考えを自分といっしょに引きいれずには、自分の内部に閉じこもること―私の念祷の仕方といえば、これ以外にはありませんでした―ができませんでした。多くの年月が、このように過ぎていきました。私は、どちらかを捨てることなしに、このような状態をどうして忍ぶことができたか、いまとなって驚いております。とはいえ、念祷を捨てることは、もはや私のなしうるところではなかったことを私は知っております。なぜなら、私を愛し、より高い恩恵《めぐみ》を与えようとおぼしめされていた、あのおかたが、そのみ手で私を支えておいでになりましたから。」（自叙伝7・17）

テレサにとっては、非常に辛く、心に深い緊張を抱えていた時期でした。神に奉献したいという望みと、自分の執着や好みにひかれる思いとで内面が二つに割《さ》かれていることを発見します。けれどもここでテレサと祈りの人に対する、神の教育学が示されていきます。「私の重罪を大きなたまものでお罰しになりました」（自叙伝7・19）。辛抱強く待ち続け、その愛を絶えず示すことをお止めにならない神です。テレサの自尊心にとっては一つの傷でしょうが、その罪にもかかわらず、彼女にとっての大きな憐れみの神であることを納得させていくのです。

「重い罪に陥った時、罰よりも寵愛《ちょうあい》をうけるというのは、そのような状態にある私にとって、もっとずっとつろうございました。確かに、これらのお恵みのただ一つでも、いろいろの病気や苦しみを集めたよりも、私をもっと深く恥じいらせ、もっとひどく悲しませ苦しめておりました。病気やその他の苦しみは、私の数多くの罪に対しては、まったく不充分ながらも、とにかく、いくぶんその償いであるように思われました。ところが、すでにいただいたお恵みに、こんなにも悪くおこたえしていながら、さらにまた新しいお恵みに満たされる自分を見ることは、私にとって、恐ろしい一種の責め苦でした。そして私は、これは神についていくらかの知識と愛とを持つ全ての人にとっても同様であろうと思います。徳のある人の気持ちを考えて見れば、このことが納得できます。私の涙や悩みの種となったこと、それは自分が感じていたよい感情と、それにもかかわらず、またすぐ新しい罪に陥ろうとしている自分を認めることとでした。とはいえ、少なくともこういう時の私の決心や望みは、本当に真剣でした。」（自叙伝7・19）

これら全ての祈りの体験は、神のなさる業が愛とあわれみに集約されていることをテレサに確信させていきます。それればかりか神をより良く知り、神のなさりかた―人間とはこんなにも異なっている！―を受け入れていきます。テレサ自身の愛は本物の愛に、そして自らの弱さや罪を受け入れるように変わっていかなくてはなりません。しかしながらこの真理の表れや真理に生きることを学ぶのは祈りの道によってのみ可能なのです。

「私は、二十年間、この荒海の上を倒れつ、起きつ過ごしました。起きつと申しましても、その起き方はよくありませんでした。またふたたび、倒れていたのでしたから。私の考えでは、これこそ、人が想像しうるかぎりの最もつらい生活であると言えます。私は神を楽しまず、また世間のうちにも満足を見いだしませんでしたから。世間的な喜びの真中《さなか》におりました時は、神に対する自分の義務を思いだして悲しんでおりました。神とともにいた時は、世間的な愛情に心が乱されていました。これこそ、あまりにも苦しい戦いで、私がどうしてそれを、たった一ヶ月の間でも忍び得たか、ましてや、これほど長い年月の間、忍び得たかわかりません。」(自叙伝8・2)

g．救いの港に

テレサが多くの苦しみにもかかわらず私たちに語ろうとする真意は、祈りの大きな恵みを私たちに理解して欲しいということと、彼女の或いは誰の霊魂であれ、神の憐れみが明らかにされる場になり得ること、そしてそれが私たちを真実に生きることに導くのだということを分からせたかったのです。

「私が、これらを詳細に長々と述べたわけは、繰り返して申しますが、それは、神の御憐れみと、私の忘恩とをはっきりと目だたせるためです。それはまた、神がある霊魂を、惜しみなき心をもって念祷に身をゆだねるようお傾けになるとき、たとえ、この霊魂が、そのために必要なすべての心がまえを備えていなくても、これに与えられる大いなるお恵みをわからせるためでもあります。そのほか、もしもこの霊魂が、悪魔が陥れようとするあらゆる種類の過失、誘惑、失敗にもかかわらず、堅忍するならば、主は、ついに私を救いの港にお導きくださったようにーいま、私にはそう思えるのですけれどー彼をもそこにお導きになるでしょう。」(自叙伝8・4)

テレサは祈りの霊的効果を確信していました。これは祈り願うことと、願いが叶うということがイコールではないということであり、たびたび祈ることによって成熟し真の祈りの人となるということです。それはつまり、神との友好的な出会いは、ご自分を与え続けることを決してやめないお方に進んでお応えする必要性を祈る人のうちに築いていくことなのです。つまり、テレサが読者に心から願うことは、

「まだ念祷をはじめなかった人に対しては、私はこれほど大きな宝を持たずにいることのないようにと、神の愛のためせつにお願いいたします…だれも神を友として、益をこうむらなかったためしはありません。」（自叙伝8・5）

テレサは、彼女の心身の健康の源が神との友情であったことを体験してきました。

「いいえ、すべての生命の生命よ、あなたは、あなたに信頼し、あなたをおのが友とする者のひとりにも死をお与えになりません。かえって、あなたは霊魂に生命を与え、また肉体に新たな健康を与えて、その生命をお支えになります。」（自叙伝8・6）

テレサの祈りの道のりは、神との友情関係に関わる意義を感じることに真に目

覚めた時、初めて頂点に達します。このことは、テレサが四十歳になろうとしていた頃にさかのぼるテレサの回心と呼ばれている状況にうかがい知ることが出来るでしょう。

「このような生活に私の霊魂は疲れ果て、憩《いこい》を求めました。けれども、身につけてしまった悪い習慣のために、それを見いだすことができませんでした。ところで、ある日、祈祷所にはいりますと、修道院で行われるはずの、ある祝典のために持って来られ、その日を待ってそこに置かれていた一つの聖像が目につきました。それは傷にまみれたキリストを現したもので、聖主が私どものためお忍びくださったことを、あまりにもよく思い起こさせましたので私は、これを見て、魂の奥底からゆり動かされるほどの強い敬虔《けいけん》の熱情を感じました。これほどの傷が物語る測りがたい愛に、自分がどんなに悪いこたえ方をしたかを考えて、あまりにも激しい悲痛に捕らわれ、私の心は砕けてしまうかのように感じました。私は、私の救い主の御足もとにひれ伏し、滝の涙を流し、もはや主にそむかぬ力をお与えくださるよう哀願《あいがん》しました。」(自叙伝9・1)

この出来事は、彼女のために、愛によってその命を与えてくださった神の偉大なる真理をテレサが決定的に受け入れたことを明らかにしています。そしてその真理は、いかなる方法、祈り、献身、修業等によっても、神の惜しみない愛に応えらえるものではありませんでした。このことへの認識が、テレサが新たな生活を築いていくための基盤となったのでしょう。この新しい生活とは、絶え間ない奉献、祈りへの決意、生活の主役を主に差しだすことによって自分が変わることを主に委ねていったことです。

「なぜなら私は、すでに自分をまったく信じられなくなり、全信頼を神においておりましたから。」(自叙伝9・3)

テレサの祈りの道はここで終わるのではありません。これからが本当に始まる道なのです。というのも、彼女にとって神の愛は全く惜しみないものだということを自覚したからです。この時から彼女の使命は「愛のしもべとなる」ことに出発点を見出します。これは祈りの大きな結実、効果であり、キリストに従う本物の道なのです。

2. 祈ることを学び、愛することを学ぶ

テレサの考える祈りの意味を理解しようとすれば、どうしてもテレサにとっての祈りとは何であるかを明らかにしていくことから始めなければなりません。そして祈りを定義するには、テレサの言葉に頼ることが一番でしょう。自叙伝の中に最も規範的で最も知られたその定義が見られます。その内容をここに再現しましょう。

「まだ念祷をはじめなかった人に対しては、私はこれほど大きな宝を持たずにいることのないようにと、神の愛のため切にお願いいたします。ここでは、何も恐るべきことはなく、かえって、すべてが希望すべきことです。かりに、もしも進歩しないとしても、そして、聖主がご自分の真の友に保留される喜びや楽しみに価するほど、充分完全になるよう努力しないとしても、とにかく、少しずつ、天国への道を知るようになります。もしも堅忍するならば、私は神の御憐れみに信頼いたします。だれも神を友として、益をこうむらなかったためしはありません。ところで、念祷とは、私の考えによれば、自分が神から愛されていることを知りつつ、その神と、ただ二人だけでたびたび語り合う、友情の親密な交換にほかなりません。しかし、あなたは、まだ神を愛していないとおっしゃるかもしれません。なぜなら、愛が真実で、友情が長続きするためには、身分が同等でなければなりませんから。ところが聖主は、私どもがみな知っているとおり、欠点などお持ちになれません。それに反して、私どもの本性は欠点だらけで感覚的で、恩知らずです。それであなたは、あなたの身分の低いために、聖主に対して充分な愛を持つようになれません。しかし、彼の友情を所有することが、あなたにとってどんなに大きな利益であるか、また彼が、あなたに対しておいだきになる愛が、どんなに大きいかをわかれば、あなたも、自分とこんなにも違うおかたとともに長くとどまるつらさに打ち勝てるようになりましょう。」（自叙伝8・5）

テレサはこの叙述で、私たちがキリスト者の生活での特定の実践に関する問題を前にしているのではなく、天国への道、この地上で天国を生き楽しむ道、すなわち必然の善を前にしていることを強調しています。それ以上でも以下でもありません。友として接することのできる神は、私たちの手が届くところにいてくださいます。別の言いかたをすれば福音史家聖ヨハネの言う「神の子となる資格を与えた」（ヨハネ1・12）ということです。聖なる人テレサは天国への道の重要さ、そして私たちが神の友となる資格を持っていることを認識することは大変重要であると考えます。もしこれを出発点と考えるなら、道を歩み始める励みとなりモチベーションとなり、落胆することはないでしょう。

それではテレサの祈りの定義の中心となる局面を見ていきましょう。私たちの内に神との真の友情の空間を持ち始め、可能にする全ての関わりをより良く理解する助けとなるでしょう。それは祈りを唱え実践するに際し、還元主義を克服するための備えとなります。祈りを習慣的なものに変えようとしたり、人生のその時どきに片隅に押しやろうとする誘惑は多々あります。テレサは祈りが単なる実践ではなく、生き方そのものであり、イエスの弟子としてのあるべき姿であることを私たちにわかってほしいのです。

a．親しく交わる

祈りを「交わり」として扱うことは、まず関係性を意味します。時として私たちは一方通行に祈ることに慣れていますが、このことによって人は自分の言葉を或いはその視線を神に向けます。この場合、祈りの主語が主人公であり、神はその祈りを受け、聞き、良いと判断されれば働かれるという受動的な立場に置かれます。イエスのテレサは祈りを交わりと表現することによって、二つの主語、すなわち「神」と「私」における関係性のダイナミズムに変えます。つまりお互いが能動的な対話者となるのです。

この意味において祈りは何よりもまず「私」と「あなた」の出会いになります。両者が関係性を有することになります。そしてあらゆる親しい関係は、人生、心配、計画等を分かち合います。

自らを与え他者を受け入れる道です。親しい関係においては全ての人が同等に主人公です。そして主語である両者を特徴づけるものは感謝と信頼です。

それは神そのものを受け入れることを意味します。計り知れない秘義であり、それを前にして常に心を開いた状態でいるべきなのです。ただし、それは神のなさり方を受け入れることになります。つまり最終的には、祈りは、祈る人を神のみ旨に添わせ、一致へと誘うことにつながります。

交わりとはお互い自分を差し出す約束です。私が神そのものと交わる時は無条件で愛の徳においてであり、私も私のあるがままを、仮面を脱いだ私の存在の全てを捧げます。

一方、友情は双方が同等の関係において成りたちます。テレサも体験として言及しているように神と人間の間には大きな本性の違いがあり、超えることのできない現実があります。しかしながらこの距離は、人間の限界によるというよりは、神が私たちをその似姿として創造なさった無限の愛によって超えられないものではないということを、テレサは祈りの道を通して私たちに理解させていきます。これは取りも直さず私たちが、神との愛の一致に辿り着くことができるようにとの計らいです。

実際、テレサが私たちに薦める祈りの道では、私たちが概念として神聖な超越性ととらえている神は、本当は彼女が体験したように、近しいパーソナルな神なのです。それは実に親しさそのものです。なぜなら「霊魂の最も奥深いところに住まわれている」からです。（参照 自叙伝40・6、完徳の道28・2・11、1霊魂の城1・1）

人間の内における神の現存に気づいてはじめて、人間が神と関係を持つことが可能になります。神に届くために可能な道はただ一つ、また内奥まで私たちが進める扉も一つ、それは祈りです。

b. たびたび語り合う

テレサが私たちに伝える祈りの定義のその他の要素は、神との親しい交わりの結果として生じるものでしかありません。あらゆる真の友情は、配慮の必要、出会いの場の必要、持続の必要、他者は私にとって、そして私は他者にとって何であるかという意識を育んでいく必要があります。

「たびたび語りあう」と言うこの表現は、持続することと時間の中にとどまる必要性を強調しています。人はその生涯においてさまざまな形の友情を体験します。時間の経過とともにある友情は消え、あるものは冷めていきますが、一方ある友情はさらに強まり、かけがえのないものとして残っていきます。時、不安、計画、必要性を分かち合う力、友が見守ってくれ支えてくれることを知ること、一生を通じて友の存在を体験すること、特にそれを必要とする時…。これらは友情が意味するものを明確にしてくれます。

これがテレサが体験した神との関係です。神との日常の交わりの中で、神が真の友であることを発見していきます。なぜならば、神は常に彼女の傍にいて、彼女のありのままを受け入れ、理解し、そしていついかなる時でも彼女を許し、助けようとしてくださいます…。これらは概念ではなく、私たち一人ひとりが招かれている体験の実りなのです。しかしながらこの体験は出会い、献身、そして友である神と出会う時間を持つことを通して生れます。

このようにして私たちはテレサのパーソナルな歴史に起こった事柄を発見していきます。彼女の生涯には紆余曲折の長い時期がありました。祈りを始めても、確固としたものではなく、出会いを冷めるままにして、人生のある時期には全く祈りから離れてしまいました。ただ決してもう祈りから離れないと「堅い決心」を持った瞬間から、人生での大きな変化と転換を体験しはじめました（参照 完徳の道20・2－3、21・1）。

ですから、典礼の祈りの務めを果たすだけでなく、神との親しさの道、神の子としての身分を生きる道を歩みたいと望んでいる祈りの人にとって、持続性は必要な徳の一つとなるのです。ただし神の子とは自分を子として認識しているだけでなく、イエスの招きに従って御父そしてイエスと関わりを持つことです。

「たびたび」と言うことばは私たちに堅忍を促しています。友情の道は、祈りの道と同様に必ずしも簡単な道ではありません。困難、問題そして対立は生活の一部となっています。時には精神状態そのものがこの道を歩む上での障害となることがあります。ですからくじけることの無いように自分をしっかりと保つことが必要です。道の途中で起こり得るあらゆる問題や困難を受け止める心の備えがあってのみ真の友情が可能となります。それは愛にとって不可欠なものです。

とは言え、テレサは私たちに堅忍することが絶え間なく強制されていると勘違いしないように注意します。愛は同様に穏やかさを必要とするので、諸事情や個人の限界を受け入れることも必要となります。愛することを強制できないと同様に、愛を中心において育もうとする祈りは、単に強制をベースにするだけでは得ることができません。

c．ただふたりだけで

親しさということに関してこの他なくてはならない条件は、親密になるための空間です。それは外から与えられるものではなく、深い関係を築く上で本質的に求められるものです。

愛のうちに成長するにつれて、この愛を更に真実に生きるための場に出会う必要性が大きくなってきます。テレサの心の中でたえず求めていた願い、それは孤独です。

ですがこの孤独とは自分一人きりの孤独ではなく、神と共にいる孤独です。それが出会いの場所であり、親密な場所、秘密を分かち合える場所なのです。ここにおいて人は愛するお方を前にして自分自身になれるのです。二人だけの、最も深い交わりの空間です。

テレサはただスペース的あるいは物理的な孤独とは異なる、本物で完全なる孤独の必要性を示唆していきます。愛とはどんな時にでもその愛を生きることなのですから。

テレサが私たちに語り、あらゆる時代の神秘家が求めた孤独は、愛の関係を生きることを可能にする内面の姿であり、分かち合いと奉献のダイナミズムを生きる内面を鍛えることに向ける孤独です。言い換えれば精神の真の解放であり、孤独のなかでの神との出会いを可能にするものです。

ここに私たちは、テレサが祈りの道で見い出した大きな価値と実り、すなわち「真の解放の恵み」を発見します。愛する心とは、自らを捧げることの障害となり得る全てから解放されることを必要とする心のことです。そして一般的には外的要素（名誉、財産、愛着、好み等）の放棄の必要性を取り上げているのではなく、これらが心にとどまることによって個人的関心に縛られ、エゴイズム、傲慢、自己愛等に陥ることを懸念しているのです。ここで言っている孤独、すなわち解放された心は、私たちを祈りに根ざした本物の生活へと導くものです。

このように私たちは祈りの道は、二重の意味において真の解放の道であることをテレサとともに発見します。まず第一は、修業の面で、祈る人は神との孤独のうちに過ごす時間と空間を充たすことの妨げとなる全てから解放されること。第二に、神からのたまものに関して、すなわち祈りにおいて神は人を真の解放に辿り着く妨げとなる全てのものから解放してくださることです。

テレサの中で孤独と解放、この二つはしっかりと結びついているのです。と言うのも、愛が本物であるためには、献身の意志がより解放され、より寛大なものになっていかなければならないからです。テレサは神との親しさを積み重ねることによって可能となるこの両方の見方の証人となります。

d. 自分が神から愛されていることを知りつつ、その神とともに

テレサはこの標題の断言をもって、使徒聖ヨハネが第一の手紙で「わたしたちが愛するのは、神がまずわたしたちを愛してくださったからです」（一ヨハネ4・19）と述べたことを、体験的に受け止めそれを再表明します。そしてこの愛は私たちに向けて湧き出る泉であり、愛することを可能にするものなのです。それで

「愛する者は皆、神を知っているからです。」(一ヨハネ4・7)

祈りの道そしてキリストに従う道において、私たちが陥る誤りの一つは、ある側面を忘れる傾向にあるということです。つまり往々にして、「~しなければならない」ということをベースにして神への応えを出しますが、これはすなわち、私固有の強さと能力においてということになります。ですから、祈らなければならないのは私であり、神を愛さなければならないのも私であり、~の主語は「私は」であるのです。気づかないうちに、「私が」事実上の主人公になってしまうのです。

長年にわたる自己との戦いの末、テレサが得た大きな発見の一つは、この歩みにとって第一で基本的なことは、神の憐れみに気づかなければならないことを悟ったことでした。他の言いかたをすれば、真の信仰生活の一番大切で基本的な要素は、神に愛されていることを発見するということです。教皇ベネディクト十六世は回勅「真理に根ざした愛」8で次のように述べています。「わたしたちに与えられる恵みである神の愛の根源的な真理こそが、与えるということに対して人生を開き、『全ての人の全人的発展』、すなわち『人間にとってふさわしくない状況からよりふさわしい状況へ』の発展を希望することを可能にします。」

私たちの聖テレサにとって祈りを可能にする第一の想定は、親しい交わりです。すなわち、人が自らの真実と神の真理（人間の罪―神の憐れみ）に気付き始めたその瞬間から愛されていることを感じ取ることが可能となります。それは、テレサが自叙伝で私たちに明確にしたいと思ったことでした。すなわち神が私たちの存在そのものにお示しになる憐れみに目を開かなければならないのです。このようにしてだけ、愛されていることを体験しながら、神は誰であるかということを知ります。その上で私たちが神の愛に動かされ、この友情が成長し、成熟していくように願って祈りの道に入っていきましょう。

この祈りの道を実践する上で、次の疑問が生じるかもしれません。神が私を愛してくださっていることを私はどのようにして知るのでしょう？　この質問が難しいようなら、具体的に、例えば私の父親、母親、友人等が私を愛していること確かをどのようにして知ることができるのかと、考えることから始めましょう。確かに神の愛は、概念的に知るだけでは充分ではありません。一例をあげれば、ある父親が会いもせず、個人的な関わりもなく、温かさ、近しさ、思いやりの感情も表わしたことの無い息子に、とても彼を愛していると伝えても、少しもあるいは全く何の役にも立たないでしょう。キリスト者にとって、神は私たちの父であると知っても、もし私たちがその関係に関与せず、意味することに心を開いて生きていなければ、大してどころか全く何の役にも立ちません。

テレサはこれが全ての基本であり根源であることを発見したので、このことをくりかえし強調し続けるのです。神の愛を体験する方法や道は祈りの道です。私たちの心理を知っているテレサは、この扉を開くようにと導きます。神にそれを与えてくださるよう願うだけでは充分ではなく、絶えず私たちに与えられている恵みを受け止めるようそなえなければなりません。

「私はただ、聖主が私をお満たしくださったこれらの著しいお恵みは、ただ念祷によってだけきたのだということを言うにとどめましょう。この門が一度《ひとたび》閉められてしまいますと、主がどのようにして私どもにお恵みをお与えになるか私は知りません。なぜなら、もしも主が、一霊魂のなかでお楽しみになり、彼をお慰めもて満たすことをお望みになるなら、それはただ一つの手段しかありません。霊魂が孤独で、純潔で、主をお受けしたい望みを持っていることです。もしも私どもが主のご来臨に無数の障害をおき、それらを取り除くことをまったく怠っているなら、主はどうして私たちにおいでになれるでしょう？　どうして、私たちに大きなたまものをくださることなどおできになりましょう？」（自叙伝8・9）

友情を鍵とした祈りを私たちに紹介する際の彼女の表現の独創性は、イエス・キリストが明確にした祈りの本質を伝えています。イエスは山に登り御父に静寂の中で祈りましたが、テレサもまさにその祈りを体験しています。それは御父との全信頼と愛における出会いです。

e. 真の祈り

引用してきたテレサのテキストにはそれに先行して明らかにしていることがあります。テレサは「念祷」と定義づけた祈りの範囲を定めているように思えます。私たちが通常祈りの方法や形式について話す際の区分についていえば、主との一致または黙想と呼んでいる祈りに限定されるとテレサが言及しているといえます。

もし、さらに深くテレサの教えに入り込まなければこの結論でよいとされるでしょうし、実際、テレサの作品についての多くの著者や読者がそのように解釈してきました。しかし、もし私たちがこのテーマを更に深めるなら、祈りの形や方法を区別しても、テレサにとって真の祈りの仕方は口祷、念祷、観想等であろうと一つしか存在しないことが分かります。彼女の時代に言われていた、念祷をすることの危険性、特に女性に対して言われていた論争を前にして、彼女は次のように答えています。

「キリスト信者よ、これはいったい何事ですか。念祷は必要でないと言うとは、あなたがたは自分の言っていることがわかっておられるのですか。確かにわかっていないのだと私は思います。それだからこそ、私ども皆に、途方もない無思慮をさせようとするのです。あなたがたは念祷が何であるかをご存じない。また、口祷はどのように唱えるべきかも、観想とは何であるかもご存じない。もしそれを知っておられたら、いっぽうではほめていることを、他方から悪いと言ったりはなさらないでしょう。」（完徳の道22・2）

そして彼女の主張は非常にはっきりしています。

「娘たちよ、念祷か、念祷でないかは、口を［あけているか、］しめているかで決まるわけではないと知らなければなりません。もし私が神とお話ししながら、自分のしていることを完全に意識し、唱えていることば自体よりも、神とお話ししているのだという事実のほうに、もっと注意が集中するならば、その場合、私は、念祷と口祷とをあわせているのです。もっとも、もしだれかがあなたがたに、頭では世間のことがらを考えながらでも、口で主の祈りを唱えさえすれば、それで神とお話しすることになるのだと言うなら別ですが。―その場合、私はだまるより他ありません。けれども、もしあなたがたが、これほど偉大な主にふさわしい尊敬の態度でお話しすべきであるのならば、ただ礼儀正しく口をきくためだけにでも、自分はどなたとお話ししているのか、自分はいったい何者であるかを考えるのがよいのです。先方のご身分と自分の身分とが良くわかっていなければ、どうして王さまに対してそのご身分にふさわしい敬称でお呼び申しあげたり、位の高い貴族と話すときになすべききまりの儀礼を守ったりすることができましょうか。敬礼ひとつにしても、先方の身分やしきたりに従ってしなければならないのです。それでこういうこともやはりよく知っておかなければなりません。さもなければ愚か者扱いにされて追い出され、何も交渉などできないでしょう。おお、私の主よ、これは何ごとでしょう。私の皇帝よ、これはいったい何ごとでしょう、どうしてこのようなことが忍べましょうか。私の神よ、あなたは終わりなき王でいられます。あなたの王国は借り物の王国ではありません。信仰宣言《クレド》の中で『あなたのみ国は終わることなし』と唱えるとき、私はほとんどいつも特別の喜びを感じます。主よ、私はあなたをほめ、とこしえにあなたを祝します。結局あなたのみ国は永遠に続くのです。それを、あなたとお話しする者はただ口先だけで唱えればよいのだと考えるようなことを、決してお許しにならないでください。」(完徳の道22・1)

ですからテレサにとって祈りが真正のものであるといえるのは、形がどんなものであろうと、祈りを行なう意識の問題なのです。

「私にわかるかぎりでは、このお城にはいる門は祈りと考察です。―口祷よりも念祷であるとは申しません。とにかく、祈りであるからには黙想が伴っているはずですから。自分はだれに話しかけているのか、何を願っているのか、願っているのは何ものであり、どのようなおかたに願っているのかを考えないような祈りは、たとえいくらその人がくちびるを動かしていても、私には祈りとは呼べません。もっとも、ときとして、このようなことにべつに注意を払わなくてもほんとうの祈りがあることもありますが、それは以前にそういうことを考えたからなのです。けれども、もしだれかが、ふつういつも、まるで自分の奴隷に話すかのようにいと高き神にお話し申し上げ、自分が不作法にお話ししていないかどうかを少しも考えずに、ただあまりくり返したために空でおぼえてしまったことを口から出まかせに言っているのならば、私はそれを祈りとは認めません。どうかキリスト信者はひとりもこのような祈り方をいたしませんように！」(1霊魂の城1・7)。そしてこのことはどんな型の祈りにも当てはまります。

「私どもが聖務やロザリオを唱えはじめるとき、それをふさわしく唱えるため、まず、自分はどなたにお話しするのか、語る私とはだれであるかを考えるのを、だれが悪いと言えましょう。」(完徳の道22・3)

テレサの祈りと福音の祈りを特徴づけているものを、これらの表明から考えられる三つの点にまとめることが出来るでしょう。

- 何を話しているのか
- 誰に話しかけているのか
- 話しているのは誰なのか

根本的には、人と人との真の関係、愛、友情あるいは父母と子としての関係の質の問題なのです。イエスの祈り方やイエスご自身が福音書で私たちに伝える教えに特に現れています。

「また、あなたがたが祈るときは、異邦人のようにくどくどと述べてはならない。異邦人は、言葉数が多ければ、聞き入れられると思い込んでいる。彼らのまねをしてはならない。あなたがたの父は、願う前から、あなたがたに必要なものをご存じなのだ。だから、こう祈りなさい。『天におられるわたしたちの父よ……』」（マタイ6・7－9）。くどくどと述べてはならないという教えは、自分の話していることを認識することに当てはまります。神を父として話しかける招きは、誰に話しかけているのかを認識するようにとの招きです。

祈りが真実であることを見極めるこれらの三つの条件の上に、テレサは祈る行為を通して私たちが歩む道を築きます。祈りの人は一歩一歩神についてそして自分自身についてのより大きな認識を開いていくのです。親しさの関係においてより大きな、そして儀式的なものにはより小さい比重を置いた祈りを生きます。

f．愛には愛を

テレサは、祈りの生活において、私たちができること、すべきことは何を土台としているかを常に強調します。これは祈りに多少の時間を費やすとか、祈りの中でいくらかの益を得るとか、恵み或いは体験を多少得るとかの問題ではなく、愛において実践することなのです。ここから本当の益を得ることが出来ます。何故なら日々の具体的な現実において実践される愛、身を持って生きた愛は、神の無償の愛そのものに私たちを誘うからです。

「この道で大きな進歩を遂げ、私どもの望んでいる住居にまでのぼりたいのならば、たいせつなのは、多く考えることではなくて多く愛することである、という点を、よくご注意しておきたいと思います。ですから、さらに愛するようにゆすぶってくれるようなことをなすべきです。けれども、たぶん、私どもは、愛するとはなんであるかがよくわかっていないのかもしれません。そうとしてもあまり驚きません。愛するとは、最も多く慰めを感じることではなくて、すべてにおいて神をお喜ばせしようと堅く決心すること、神にそむかぬよう、力に及ぶかぎりのことをし、おん子のご栄誉、ご光栄が増すため、またカトリック教会の発展のためにますます主に祈ることです。これこそ、愛のしるしです。とはいえ、ほんとうにお愛しするためには、ほかのことは、いっさい考えてはならない、うっかりして少しでも気を散らしたら、もうそれで万事おしまいだと思ってはなりません。」（4霊魂の城1・7）

ここで新たにテレサの教育学的局面が明らかになります。私たちのメリットは、愛すること、愛を実践することでしょう。なぜなら愛の行為は祈りの道において私たちが進歩していく最も良い証しだからです。神を信じるとは神を全てにおいてお喜ばせしたいと望むことです。これは偉大な考えや感情を問題にしているのではありません。神への愛は、常に隣人への愛の行いが伴っているべきです。

テレサが神秘の祈りに私たちを誘うとき、祈りに経験を積ませるものは現象そのものではなく、また祈りにおける完璧さや進歩は、並外れた体験をすることではないという点を見失わないようにと望んでいます。神の愛の体験は、人がより大きく愛するようになっていくことで真実なものになるのです。

「これに対して私は、私が今言ったこと、つまり、このようなお恵みを求めないこと以上の方法はないとお答えします。その理由は次のとおりです。第一には、それをいただくためには、まったく私欲なしに神をお愛ししなければなりませんから。第二には、私どものみじめなご奉仕で、そのように偉大なお恵みをいただけると思っては、少し謙そんが足りませんから。第三には、結局、私どものように神におそむきした者にとっては、このお恵みをいただくためのほんとうの準備は、苦しみたい、主にならいたい、と望むことであって、慰めを望むことではありませんから。第四には、いと高き神は、おきてを守った報償《むくい》として天国の光栄をくださらなければならないのと同じように、このお恵みを私どもにくださるべき義務がおありになりませんから。これなしでも私どもは救霊を得られるのです。また、神は何が私どもによいか、私どものうちのだれが主をほんとうにお愛ししているかを私ども以上によくご存知です。これは確かなことです。私はそれを知っております。また私は、十字架に釘づけられたキリストに仕えるためにのみ、愛の道をりっぱに歩み、慰めを願ったり、望んだりしないばかりか、この世ではそのようなものをお与えくださらないようにと、一心に主にお願いしている人たちを知っています。これは本当の事実です。……さて、第五には、私どもが骨をおっても、むだですから。この水は、もう一つの水のように導管を伝わってくるのではないので、もし泉がほとばしらせてくれないなら、私どもが努力して疲れたところでほとんど役に立ちません。つまり、いくら黙想しても、むりに努力しても、涙を流しても、そのような方法ではこの水はこない、と言うのです。これはただ、神がそれを与えようとお思いになる人に、それも、たびたびは、その人が全然考えてもいないときに与えられるお恵みです。」（4霊魂の城2・9）

テレサは、神の愛に応える唯一の方法は無償の愛であるということを私たちに気づかせることを核心においています。祈りの道で全てが私たちに無償で与えられていることを発見するとき、神は無限に寛大でそして私たち自身の人生を寛大で、愛他主義の、無償の生き方に変えます。ですから真の祈りは無償で神に自らを捧げたいと望む愛の寛大さの中にあります。

「確かにこういう望みも私の考えでは超自然的なものであって、自分が報酬めあてにお仕えしているのではないということを主に見て頂きたいと願う、愛に燃えた魂からほとばしるものです。ですから、前にも申しましたように、こういう人たちは、主へのご奉仕にもっと励むために、自分の行為によって受ける光栄のことを考えて刺激にするようなことはありません。ただ、自分の愛を満足させることだけ考えています。愛の性質はいつも、あらゆる形で働くことですから。もしできれば、かれらは神の中に消え失せる方法を捜すことでしょう。また、もし神の最大の光栄のために自分が永久に無とされることが必要ならば、大喜びでそれを承諾するでしょう。」（6霊魂の城9・18）

無償の愛は、人が祈りにおいて実現していく自己認識と神認識の道の結果生まれるものです。テレサが、祈りの人は真理のうちに、謙遜そして単純に生きることによって人格形成がなされていくと言ったのは何も不思議ではありません。

「姉妹たちよ、いくらかでも私どもの神、また天配でおいでになるおかたに似るためには、いつもこの真理のうちに歩むよう熱心に努めるのがよいということを、以上のことから学ぶようにいたしましょう。私はうそをつかないことだけを言っているのではありません。そのことならば—神にみ栄えあれ—私どもの会の修院では、どこでも、たとえどのような理由のもとにも決してうそを言わないようにあなたがたが大きな注意を払っていらっしゃるのを私は知っております。それで私はただ、神のみ前にも人の前にも、自分にできるかぎり真実に歩まなければならないと言うつもりなのです。特別に、自分を実際以上によく人から思われたいと望んではなりません。それから、自分のすることの中から神のものは神に、自分のものは自分に帰し、すべてにおいて真理を求めるように努めなければなりません。このようにして私どもは虚言《うそ》と虚偽《いつわり》にすぎない—従って永く続くことのできない—この世を軽く見るようになるでしょう。」(6霊魂の城10・6)これはへりくだって祈った徴税人の行為であり、この祈りの人は神によって義とされて家に帰りました。(参照 ルカ18・9—14)

3. テレサの祈りの実践　潜心

ここまでテレサの祈りの道のり、そして人生における真の祈りが意味する彼女の理解を紹介してきました。ここから実践面での教えが幾つか考えられますが、この祈りのプロジェクトをどのように個々の実践へと、結び付けていくかを掘り下げていかなければなりません。

祈りが行われる領域（場）を何らかのかたちで命名するなら、「潜心」といえるでしょう。この言葉はテレサのボキャブラリーの中で特に豊かな内容を持ち、今日この言葉の含みと意味するものを完全に把握することは私たちには多分不可能でしょう（参照 完徳の道26―29）。「テレサの潜心」において、この潜心を修練し、実践するうえで助けとなる働き或いは秘訣となるものがあります。それは人間の行動には誰しも学びを必要とするように、時間と訓練を要します。私たちは、「心を空にする」とか「精神集中」とか「自己分析」といった複雑な行為の前に立たされているのではありません。テレサの祈りの目的は、「親しい関係」へと心を開くことにあるのを忘れてはなりません。ですから基本的には、親しい関係を築く上で大切なことは、祈りの中に見いだすことが出来るでしょう。

その課程を簡略化してみますと、テレサは本来の目的に辿り着くための2つの具体的修練に私たちを招いています。それは、すなわち、自らの内面に集中することによって神の現存の意識を高めることです。この修練とは、

● キリストを自分のうちに現すように努める。(完徳の道26・1)

● 厳密な意味で潜心し(完徳の道28−29)、「自らの内面に入り」(完徳の道28・4)、外界の束縛から解き放たれ、自らに立ち返る。

この修練の方法や含まれる意味を理解し、そこから実践できるように試みていきましょう。

a. キリストを自分のうちに現すように努める

テレサが私たちに提案するこの標題の修練は、とてもシンプルなことです。基

本的には、イエスが常に私たちと共に歩んでおられること、神が私たちのうちに住まわれていることを確信する結果として湧き出てくるものなのです。それは信仰の行為であり、見えない現実への飛躍を意味します。もしイエスが私たちと歩かれているのなら、なぜ私の傍にいてくださることを知りながら私はイエスと歩かないのでしょう?「こんなにも良き友を無視することはやめてください」とテレサは言うでしょう。始める方法は大変シンプルです。まずイエスが真実私の傍におられることを認識することです。テレサが祈りの中で役立った方法を引き続き記述しましょう。

「私の念祷の方法は次のようでした。悟性の助けをかりて、いろいろ考察することができないので、自分のうちにキリストを現すようにつとめました。私の霊魂にとっては、彼が、ただひとりでおいでになるようなところで、彼をながめることが、一層ためになっていたように思われます。主は、ただひとりで悲しんでいらっしゃるので、まるで助けを必要とする人のように、私をご自分のおそばに迎えいれてくださるように思えました。私は、こういった単純さを、たぶんに持っておりました。私は、特にゲッセマニの園における主の祈りを黙想すること、そこで主のおそばに侍《はべ》ることが好きでした。わたしは主の血の御汗と、その時主が沈んでいらした御悲しみを考えておりました。もしできれば、これほどの御苦しみのうちに流されたこの御汗をお拭《ぬぐ》いしたいと思いました。けれども自分のあまりにも重い不忠実を思いだして、あえてそうする気には決してなれなかったことを記憶しております。私は、私の雑多な考えが―それは随分多くて、私の悩みのもとでしたが―許す限りの間、こうして主のおそばに侍《はべ》っておりました。長年の間、ほとんど毎夜、眠りにつくまえ、わたしは自分の眠りを神にゆだねる時、いつも、ゲッセマニの園における聖主の祈りについて、しばし考えました。」（自叙伝9・4）

テレサは彼女が用いた方法とともに、どのように神の現存への認識を育み、それが習慣となるまでに至ったかの例を紹介しています。

時にはこの実践は難しく思えるかもしれませんが、テレサは「神の近さ」の認識を得るために堅忍するならば、常に神が一緒にいてくださるようになることを私たちに明言します。私たちの注意が散漫になっても、また最初は困難であっても構いません。テレサは次のように私たちを勇気づけます。

「ああ姉妹たち、あなたがたの中で、すじ道を追った知性の働きがあまりできず、気を散らさずに（一つのことに）考えをとどめていることもできないかたは、この習慣をおつけなさい、おつけなさい！　あなたがたにもそれはおできになるということを、私はよく知っています。私自身、長年のあいだ、一つのことに静かに考えを落ち着かせることができないこの苦しみを経験しましたが、それはほんとうにつらい試練です。けれども主は、私どもが謙虚に主に近づいてお願いしても、いっしょにいてくださらないほどひどい孤独の状態にとり残しておおきにならないのを私は知っています。もし一年でこのお恵みがいただけなければ、それ以上でも努力しましょう。これほどよいことのために使う年月は悔《く》やまないことにしましょう。それにいったいだれが私どもをせきたてるのですか。—繰り返して申しますが、この習慣をつけることは、そしてこの真実の師のおそばに歩むよう努力することは、私どもにできることです。」（完徳の道26・2）

堅忍と時間をかけて達成されるこの祈りの素朴さは、祈る人の中に一つの関係、私たちの対話者の不変の現存と言う関係を始めるための大切な要素が構築されることを約束してくれます。テレサはここで更にその道を単純化します。何も立派な考察をすることではなく、単に私たちを見つめ続けるお方のその深い愛に満ちた現存に心を開くことなのです。この修練に入るには、ただまなざしをお返しすれば良いのです。

「私は今あなたがたに、主を考えることも、たくさん概念を作りだすことも、知性でりっぱな微妙な考察をすることも、お願いしているのではありません。ただ主をながめることだけお願いしているのです。あなたがたが心の目を―もしそれ以上できなければ―ただ一瞬間だけ、このみあるじに投げるのを、だれがじゃまできるでしょうか。あなたがたはずいぶん醜いものでもながめることができるくせに、想像しうるかぎりの最も美しいものを見ることはおできにならないのですか。ところが娘たちよ、あなたがたの花むこは、決しておん目をあなたがたからお離しになりません。主はあなたがたが主にそむいて行った数えきれない醜《みにく》いことや忌まわしい罪をがまんしてくださり、しかもそういう醜ささえ、あなたがたを見るのを主におやめさせするに至らなかったのでした。それなのに、外部のことから目をそらせて、ときどき主をながめるのが、あなたがたにはそんなに大きなことなのでしょうか！　ごらんなさい。主は花よめにおおせられたように（雅歌2・14）、ただ私どもが主をながめることだけを待っておいでになります。かれを慕い求めれば、あなたがたはかれを見いだすでしょう。主は私どもがふりかえって主を見ることを、この上もなくあつく望んでおられ、そのためにはどんな手段もとらずにはいらっしゃいません。」（完徳の道26・3）

これと繋がった見方から、テレサは私たちに次のようなステップを促します。人はイエスの現存を自らの内に育て習慣づけなければなりません。そこから始めて全ての人は、キリストが人生における真の友であることを普通のこととして受け入れていくようになるでしょう。テレサはその他にも私たち自身の感情を主のお気持ちに同化させるように招いています。

「試練のうちにあるのなら、あるいは心が悲しいのなら、ゲッセマニの園に行かれる主をおながめなさい。なんと底知れぬ悲しみが主のご霊魂にのしかかっていたのでしょう。忍耐そのものであられながら、それを口に洩らされ、お嘆きになったのですから。あるいは鞭打ちの柱に縛りつけられ、全身あますところなく苦痛にさいなまれ、あなたがたに対する大きな愛のゆえにおんからだの肉はちぎれちぎれにむしられている主をおながめなさい。なんとお苦しみになったのでしょう。ある者からはしいたげられ、ある者からはつばを吐きかけられ、友からは否まれ、また見捨てられ、だれもかばってくれる人もなく、寒さにこごえ、まったくの孤独に取り残されて――。ではあなたがたはじゅうぶんお互いに慰めあうことがおできになるでしょう。あるいはまた、十字架をになわれ、人びとが息つく暇さえさしあげない主をごらんなさい。主はあなたがたをあの美しい情けぶかいおん目、涙でいっぱいのおん目でおながめになるでしょう。あなたがたの苦しみを慰めるために、ご自分の苦しみをお忘れになるでしょう。それもただ、あなたがたが主のもとで自分を慰めようとしておそばに行き、頭をふり向けて主を見ているからなのです。」(完徳の道26・5)

この根底にあるものは、私たちのうちに主の現存に対する認識を確立するためには知性、愛情、記憶、想像力等の人間の全能力を使うことに他ならないと言うことです。

この記述の中でテレサは私たちの魂は神がお住まいになり、常に現存しておられる場所として、「私たちの城」と捉えることを読みとらなければならないでしょう。この真実を培い信じることは、内面化への道へと前進することになります。更にいえば、各個人の内奥に神が現存されるという秘義と恵み、そしてそれは祈りを通じてのみ発見出来るということは、私への神の無限の愛の証しなのです。小さな者に過ぎない私を解放し、元気づけてくださる愛です。ですからドイツの神学者ユルゲン・モルトマンは、「神との親しさほど人間の自由の崇高なかたちはありません」と断言しています。

祈る人が「神の住まい」を自らのうちに発見する時、この神は私をいったいどこまで愛してくださっているのかという体験が強く浮上します。私の行動、価値、長所や欠点、そして罪に関係なく、神は現存されます。それは私に対する無限の愛が私だけの特別なものだからです。このことを祈りの中で考え、神が住まわれている内面に向かって歩むことは、神の大きなそしてパーソナルな愛のまなざしのもとで私自身を発見する助けとなります。さらに言えば「私たちの内面は中身のない物ではない」ということを考えることは、最初は何も体験できないかもしれませんが、自身の中で神への意識が目覚めていきます。それは私の躓《つまず》き、過ち、不忠実にもかかわらず私への信頼を失うことなく、私に希望を持ってくださる神なのです。計り知れない秘義ですが、祈りの道によって手の届くものです。神の現存は私の状況に左右されるものではなく、神が愛される私たち被造物である人間に約束してくださった恩恵によるものなのです。（参照 1霊魂の城1・1–2）

これらのこと全ては「このような多くの善をおろそかにしないように」というテレサの強い主張を理解する助けとなるでしょう。

b. 潜心とは自らの内面を発見すること

神の現存の認識と並行して、厳密な意味で潜心のより大きな力が確立されていきます。それは根源的なものへ関心を集中させるのに役立つ実践、或いは秘訣とみなしてもよいでしょう。潜心の行為そのものは、日々の雑事から離れ、身心を静め、神の現存に潜心し続けるために、感覚を集中させることです。

潜心そのものは、自らの内面を認識し、本質を見つめる助けとなるものであり、目的ではありません。内面から遠ざけようとするものから、ほんの数分であれ解放され、自分自身を認識させていくものといえましょう。テレサの言葉でいえば潜心とは、内面の城に入る準備をする心と精神の働きであり、心配や仕事、緊張、感情、思考、等々外面的に私たちを束縛するものからの開放です。

テレサが人間に関してもっている肯定的な見方に基づいた概念があります。それは神が住まわれている場所であるだけでなく、すべての人間の内面にある計り知れない豊かさを発見するビジョンです。

テレサが彼女の主要作品である「霊魂の城」を書いた時、その出発点は私たちの自己認識をする上で助けとなるためでしたが、これは自分が実際何者であるかを知ることを遠ざけてしまう表向きの仮面を越えて、私たちの真の立ち位置を探るものなのです。

今日、自らと出会うために「潜心すること」、静寂のうちにとどまることはなかなか難しいことです。テレサも特にこの道から私たちを遠ざける障害物があることは充分認めています。あるいは自らに発見することは何もないと考えたり、自分が本来何者であるかの無知、あるいはまた、そうありたくない自分を発見してしまう恐れ、言い換えれば、自らの存在、自らの貧しさや限界と出会わなければならないというリスクも充分わかっています。今日、人間の形成や進歩にとって健全であると指摘されていることは、自己認識と自らを受け入れることです。

この双方の障害となるものを克服するために、テレサは、大きな秘密を明かし、目を閉じ、潜心し、内面に入ろうとすると現れる挑発や誘惑について明らかにしながら「霊魂の城」を書きはじめました。霊魂をダイヤモンド、或いは大変透明な水晶でできているお城と例えているのです。つまりポジティブなだけではなく、それぞれの人を鼓舞するビジョンともなるのです。

テレサは人の持つ唯一の価値、それぞれが内に持っている価値に重きをおいた道を歩むことを勧め、それに人生に真の意義を与えています。人の価値は、何を成すかまた対外的に認められるかにあるのではありません。自分のあるがままの意義やかけがいのないものであるということは、心の内面で明らかにされます。潜心するとは自分が無限の価値をもち、尊厳のある存在であると気づいていくことです。

その上、人の内面は、世の中、社会、他者を前に、そして神を前にして真の関係を構築する、また自分自身を位置づけていく空間でもあるのです。この私の内面の姿勢は、私自身のアイデンティティーとともに外へと映し出されるものなのです。なぜなら真の関係は外面を飾る仮面ではなく、私の本性から生れるものですから。それ故にテレサは彼女の内面にも、各個人の内面にも充満と幸せへの確かな足がかりを見つけるのです。この充満は人がただ自分を受け入れるだけではなく、自らを愛せるまでにさせるのです。この力は、自分の存在の根源において愛されていることを実感した時に得ることが出来ます。そしてそれは愛と定義されているあのお方、神との充満によってのみ可能なことです。

私が潜心する時に開かれる内面は、完全に解放された空間です。自分が自分であり、仮面なしの自身のアイデンティティーを受け入れることによってより真の解放となるからです。

またテレサは、この道への潜心を阻《はば》む様々な状況があることをも述べています。最終的には信仰生活の基本的修錬の欠如、すなわち神と出会うために心を開いて祈ることの欠如に起因していると次のように述べています。

「念祷をしない霊魂は、手足はあってもそれを自由に使えないからだのようだと私におっしゃいました。そのとおり、ある霊魂はあまりにも病弱で、あまりにも外面のことに没頭する習慣がついているため、かれらのためにはもう尽くすべき手もなく、まるでかれらは自分の内部にはいることができないかのようにみえます。お城の周囲にいる爬虫類《はちゅうるい》やけもののまん中で生活する習慣が深く浸みこんだので、ほとんどそれらに似てしまい、本性としては非常に豊かに恵まれ、神ご自身とかたらうことさえできるのに、かれらを救う道もありません。もし自分のはなはだしい悲惨を知って矯正《きょうせい》するように努めないならば、ロトの妻がうしろをふり向いたため塩の像とされたように、かれらは自分自身をながめなかったがためにそうされてしまうことでしょう。」（1霊魂の城1・6）

これはテレサが、表面的なことに捕らわれている人々を暗示的なイメージとして使う例です。危険を冒《おか》しうしろを振り返り、塩の像、固まった生命になってしまうということです。テレサにとってのその解決策は、内面を見つめることです。内面を発見するために人の心を開き、真の道のりに役立つダイナミズムを歩むことです。ですからイエスの聖テレサの体験において活性化し成長する信仰は何も驚くことではなく、それは唯一祈りによってのみ可能となります。

「このお城にはいる門は祈りと考察です。」（1霊魂の城1・7）

祈りの道、積極的な潜心は私たちを定義づける真実の顔に気づかせてくれます。テレサにとってのその顔とは、

●**神の住まい**（1霊魂の城1・1） 神の住まいのイメージは人間であるという崇高な構想だけでなく、人間の存在を成り立たせている真理は決して失われることのない神の現存にあるということです。私たちそのものが神の住まいでありそれは奪われることの無い美しさとの出会いです。

「この泉、あるいは、霊魂の中心にあるあのきらめく太陽は、少しもその輝きや美しさを失わないということです。それは相変わらず霊魂のうちにあって、何ものもその美しさを奪うことはできません」（1霊魂の城2・3）。

ここで述べている基本は、人がその人生で道を見失い、彷徨《さまよ》ったとしても常に歩む道が残されている可能性にあります。神はいつでも被造物に誠実に寄り添い、十全な信頼をおいておられますから、私たちもそのことを神に見習わなければなりません。神は前もって私たちに豊かに与えてくださったもの以外は、私たちに何も望んではおられないといえるのではないでしょうか。それは信仰する者の祈りの生活に大きな挑戦を投げかけるでしょう。すなわちその人にとって神はどのようなお方であり、誰であるかを探すために潜心することです。ここから神と関係を持つ力を得るでしょう。そして他者との関係も然りです。

●神のかたどり、神の似姿　これは人間創造についての聖書の見解です。このことばに含まれているメッセージはテレサの祈りの中で大変重きをなしています。テレサの体験が神に根拠をおいているという神学的正しさであり、それは主観的な事ではなく、人間の存在、その存在理由を定義するものなのです。つまり尊厳でしょうか。祈りの体験は自己のうちで神と親しい人となるという新しい発見へと私たちの心を開かせるでしょう。神のかたどりとはその模範に関係し、その中で神の実存と出会います。このことから祈りは自然なかたちであるようにと促し、この祈りを通して人間が自己の存在の意義と理由をみいだすのです。ですからテレサが次の体験をするように強調し招くのは何も不思議ではありません。

●霊魂の尊厳と美しさ　テレサはみじめさ、罪、卑小、いやしさ、等について飽くことなく語ります。それらは人間の一部であり、私たちが潜心し自身の内面に入った時に気づくものです。祈りの道を治める基本は、人間に対する神の思いに気づかせ、その結果、神の私たちへの信頼を受け止めます。これが人間の本来の偉大さです。私たちを罪に定めるのではなく、私たちは神のかたどりであり、限界に突き当たって尽きてしまうものではなく無限へ組み込まれているのです。ですから人間はその生と存在を生みだす根源である尊厳を享受します。私たちの罪、みじめさは何度も、人生の道の歩みをさまたげ、そのために神と出会うお城に入ることを妨げます。しかし最初にそこにあるのは、ダイヤモンドを覆《おお》う汚れではなく、汚れの層に隠《かく》されているダイヤモンドの確かな存在であり、それはいきいきと活力溢れる信仰の原動力と考えられるのです。

これらの基本は、キリスト者そしてテレサの祈りの中で極めて重要な要素であり、同時に潜心の修練を基盤とすることで、心を開く可能性が生れ、人間の真の姿への認識に至ります。

c．潜心修練のための方法

イエスの聖テレサは非常に多くの頁を費やし祈りについて書いてはいますが、実のところ方法論は彼女の性にあっていません。これはその有効性を信じていないからではなく、正しい方法は具体的なテクニックに集約されるものではなく、祈る人にその方向を示すことにあると信じているからです。言うなれば、テレサ方式とは、テレサの人となりにあります。彼女の著書を通して私たちはどのように祈りを行うかの示唆を与えられるというよりは、祈る人を育てるための絶え間ないテレサの熱意に出会います。

ですから修練においては、テレサの祈り方はおのずとこのテーマが反映してきます。もし私たちが親しい関係を前提としているならば、大事なのは自分自身がこの関係の主人公であり、この親しさには形式主義は通じず、あるがままの本性を表して出会うほうが良いのです。

これは、テレサが出会いを助ける教育的手段を嫌っているからではなく、各自に相応した祈り方があるということです。言い換えれば、この手段は祈りの道の助けにはなっても、その全てが誰にでも当てはまるものではないことを私たちに分からせたいのです。各々が自分の性格に応じた適切なやり方に出会うことなのです。

従って、黙想や祈りのテクニック、方法、様式、等々は、自分のむなしさを埋める為や、より良い生活を求めるエゴのため、或いは修練の単なる務めに用いるのではなく、愛のうちに出会いを可能にする手段とするなら有効でしょう。もう既に引用しましたが、テレサは「考えるのではなく、沢山愛するのです」すなわち「愛によって導かれると思う方法で、行いなさい」と述べています。

テレサが潜心するために用いたテクニックは、当時の多くの霊的著者にとっては一般的なものでした。その例として特にフランシスコ・デ・オスナが挙げられます。

テレサにとって潜心は、基本的に自分に合った祈り方で、目を閉じて次のようにします。

①意識する。これから祈りを生き、祈りを捧げるこの時を、そして自分自身は何者であるか、また自分が出会うお方は誰であるかを。
②リラックスする。身体的だけでなく心と精神も。
③集中する。基本的にキリストの現存に焦点をあてる。
④信仰の真理を想像、記憶、感情の面から強化する。キリストは現存し、神は私たちの内に住まわれている。
⑤自分の同伴者に共感する。人生の悲喜交々《ひきこもごも》において私と共にいてくださるキリストを発見する。
⑥現存していると信じているお方との対話を始める。そのお方に話しかけ、同時に耳を澄ませ聞くことを学ぶ静寂の空間をつくる。
⑦助け。テレサは潜心するのは誰にでも簡単ではないことを知っていて、潜心の一助となる支えを提案している。例えば読書、本、イメージ、福音書、自

然…或いはこの目的に役立つどんなことでも。

d. 共同体で祈る

祈りや潜心の修練が個人的な行為であるとしても、テレサはその道のりをただ一人で歩むのは好ましくないことを知っています。彼女は成熟した人の意識は共同体の富となって広がるのを知っています。それは共同体のためだけではなく、それぞれが共同体の中で必要なことを補い合い、達成するからです。

テレサは祈りの経験からただ一人で祈りの道を歩むことは、意気消沈、過ち、危険等に陥りやすく、如何に困難で危険であるかを知っています。それゆえ、ここで「同伴者」を求める緊急性が生じます。（参照 自叙伝7・22、完徳の道23・4）人々が相互に支え合う必要性が認識されます。（参照 自叙伝7・20－22、完徳の道23・4）そこで支えや指針やそこで体験したものを分かち合い、伝え合うことが出来るように祈りの道における欠くことのできない「愛－友情」のテーマを特別な関心

をもって強調しています。（参照　自叙伝7・20、16・7―8）

共同体で「神と共に在る」とは、神と人間との「交わり―コミュニケーション」の広い空間を創ります。そしてまた真の祈りは、それに費やした時間や受けた経験から計られるものではなく、隣人への愛によって計られるからです。（完徳の道20・3―4）しばしば考えられることに反して、祈りの課程における基本は、決して現実を離れず、現実の中に生きること、「実行、実行」です。

神との一致における愛の充満に生きる人の特徴は、自分が恵まれたものは他者のために使うべきという奉献を強く望みます。

「ああ、姉妹たちよ、主がこのように特別に住居となさる霊魂はなんと自分の休息を忘れ、名誉を顧みず、また、何ごとにも人の尊重を求める心から遠いことでしょうか。みあるじと絶えずごいっしょにいれば、自分のことをほとんど考えないのはあたりまえですから。考えのすべては、どうしたら主をお喜ばせできるか、何をどのようにして、主に自分の愛をお目にかけようかということに集中しています。娘たちよ、これこそ念祷の目的です。このためにこそあの霊的婚姻が役にたつのです。霊的婚姻からはいつも実行が生じます、実行が…。」（7霊魂の城4・6）

更に説得力のあるものとしてテレサは霊的な人であることの意味を次のように述べています。

「みあるじがあれほどの大きなみわざと、恐ろしい苦しみによってご自分の愛を示してくださったのに、どうしてあなたがたは、ただことばだけでかれをお喜ばせしようと思うのですか。あなたがたは、人がほんとうに霊的になるとはどんなことかご存じですか。それは神の奴隷となり、奴隷として神の印、つまり十字架の焼印を押されることです。それはまた自分の自由をすっかりさしあげて、主おんみずから、そうでいらしたように、全世界の奴隷としてお売りになることができるようにすることです。このようにお扱いになっても主は少しも悪いことをなさるのではなく、それどころか、小さからぬお恵みを与えておいでになるのです。もしこの決心がつかないなら、大きな進歩をする気づかいはありません。前にも言った通り、この建物全体の基礎は謙そんなのですから、あなたがたに深い真の謙そんがないかぎり、主はこの建物を高くそびえさせてはくださらないでしょう、それもあなたがたのためにこそ……と言うのは全部、地面にくずれてしまうといけないからです。ですから姉妹たちよ、よい基礎をすえるために、めいめいが皆の中でいちばん小さい者、皆のどれいとなるようにお努めなさい。どういうことを、どのようにしたら皆さんをお喜ばせできるか、皆さんにお仕えできるかと、いつもお考えなさい。このようにすれば、それは他のかたがたよりむしろあなた自身のためになり、あなたのお城が決してくずれないような、しっかりした土台をすえることになるのです。」（7霊魂の城4・8）

e．潜心を習得するための提案

潜心を修練する際に助けとなる幾つかのポイントをまとめて示しましょう。まず最初に、前もって示唆した次のことを繰り返し強調しておきます。潜心それ自体は目的とはなり得ず、黙想、すなわち神との愛の出会いが目的であり、それは努力して可能となるのではなく、神からの恵みなのです。潜心は、私たちに無償で与えられる神の愛を受け入れ、その愛を知ることを目指す上で助けとなります。

この修練を行う前に、押さえておきたいポイントを述べてみましょう。個人差があるので各自が最適と思えるやり方で行うと良いでしょう。

●場所と時の選択　いつどこでもどんな状態でも潜心出来るようにするのが目標ですが、始めるに当たってはくつろげる所、特に静かで心が落ち着く場所が望ましいでしょう。また一日のうちで、仕事から解放され、ゆったりとした時を選ぶことが大切です。もしその人にとって有効ならば、音楽をかけても良いでしょう。

●楽な姿勢　全ての瞑想のテクニックはこの点を強調します。通常は背筋を伸ばし、姿勢を整えリラックスできる形を見つけます。重要なのは、身体の動きが内面の動きと連動されることです。カルメルのテレジアヌム国際神学院においては、その伝統的姿勢は正座です。クッションまたは小さな台を使うことも可です。

●**呼吸を整える**　テレサは直接にはこの点について言及はしていませんが、呼吸を整えることは集中やリラックス、そして深く、安定した、意識をもった呼吸をする上でとても大事なことです。

●**意識する**　中心となる特徴的な基本です。体勢が整ったら神が私の内に住まわれていること、或いはイエスの現存を意識します。このことに集中することによって自分に強いる事無く、全ての雑念、問題等を一時忘れられます。これは闘いではないので、穏やかに進めていかねばなりません。神との親しい関係の上になりたっていることなので、この瞬間を生きることを学びます。

主のご像か聖画或いは本なども助けになります。フレーズや格言等を繰り返し読み、全神経を集中させます。或いはイエスのみ名を繰り返すだけでも良いのです。時間の経過とともに、イエスが私と共におられることを考えるだけで充分となるでしょう。

もし努力の甲斐なく自らの問題や心配事を振り払うことができなくても、無理せず、自分が生きている現状、心配していること、雑念にとらわれていること等をイエスと分かち合えばよいのです。

ある時は静寂に身を置くだけでも良いのです。愛の関係と呼べるどのようなものでも、またそれを私たちがどのように生きているかを考えても良いでしょう。これによって祈りや主との出会いを様々なかたちで生きる助けとなるでしょう。

●**目線** 「ごらんなさい、主があなたを見ています」これはテレサが私たちに訴えるスローガンです。神のまなざしに注意を向け集中します。何も感じられなくても、私は、神が必ず愛の眼差しで私を見ておられるのを知っています。そして私の内面でこの眼差しをもってお応えするよう努めます。

●基本となるもの　「潜心するとは愛することです」。自分が神に愛されていることを気づかせてくれるものすべてが、さらに良い祈りの時を過ごさせ、人生に祈りをもたらしてくれるでしょう。今まで想像もしなかったほどに自分が愛されていることに気付き始め、愛である神のまなざしで自分の生涯を見つめることを学びます。

●時間　個人差があるのでそれぞれにあった時間で良いでしょう。人それぞれの必要性があるので、時間を計ることはできません。大事なのは、コンスタントに行うことです。その他のことは自然のままで。

●テレサの提案を忘れないように　私たちは何もしていないように思うかも知れませんが、決して時間が無駄に過ぎているわけではありません。遅かれ早かれその成果が出るでしょう。そして更には人が実際に生きている自分の人生の考察にとっても大きな意義をもたらすでしょう。なぜならばここで言っているのは、事実自分が誰であるかを見つめることになるからです。

「私は、ずいぶんつらい思いをして働いて、自分のいたらなさを見せつけられた一日は、長いこと念祷に過ごした幾日かよりも、ずっと大きな恵みであると見なしています。」（創立史5・16）

4. パーソナルな祈りのためのテレサのテキスト

テレサが私たちに伝える教えは、ここまで見てきたものよりもはるかに広範にわたり、またその内容は豊かなものです。祈りの道全般における経験豊富な師であるテレサは、祈る人にとって通常最も心にかかっているテーマを良く理解しています。私たちの目的は、その全課程を要約し、年代ごとに分類することではありません。テレサにとって最も大切なのは、この道を始めることと、決してこの道から離れないことです。

これから記述するテキストはそのことを念頭に置いて選択されています。私たちがこの道を修練できるようにテレサ自身が模範となり、助け、指導してくださるままに身を任せましょう。そして私たちがしっかりと歩み始めたとき、もっとも薦められることは、彼女の作品に目を向けることです。人生のこの大きなプロジェクトの助けとなるように、テーマ別にテキストを掲載しました。

a．祈りの大きな効果

全ての人のための道

「主がすべての人を呼んでおられるということをお考えなさい。主は真理そのものでおいでになり、そのみことばを疑うことはできません。もしこのお招きがすべての人のためでなかったら、私どもを皆、お呼びにはならなかったはずです。たとえお呼びになったとしても、『あなたたちに飲ませよう』（ヨハネ7・37）とはおっしゃらなかったでしょう。『皆くるがよい。あなたたちは結局それで何も損をしない。だが私は、適当と思う人たちに飲ませよう』とおっしゃることができたでしょう。でも、こういう条件なしに、すべての人をお招きになりましたからには、途中で立ちどまってしまわないかぎり、皆この生きた水がいただけるのは確かと思います。どうかこれをお約束なさる主が、この水を正しく捜すお恵みを私どもにくださいますように―。」（完徳の道19・15）

祈りの益

「けれども、とにかく、私は経験によって教えられたことを言うことができます。念祷の道にはいりはじめた人は、陥るあやまちにもかかわらず、決して、これをやめてはなりません。念祷は、彼にとって再起するに役だつ手段です。念祷なしでは、もっとずっとむずかしいでしょう。私のように悪魔にだまされ、謙遜の口実のもとにこの修業をやめるようなことがありませんように。聖主はお約束をお違《たが》えになることがないと信じてください。もしも私どもの痛悔が、まじめで、もはや、罪を犯すまいという雄々しい決心をたてるなら、主は私どもに初めの友情をお返しくださるでしょう。主は以前と同じ恵みを賜い、時としては、もしも私どもの痛悔がそれに価するならば、もっと大きなお恵みさえもお与えくださいます。まだ念祷をはじめなかった人に対しては、私はこれほど大きな宝を持たずにいることのないようにと、神の愛のためせつにお願いいたします。」(自叙伝8・5)

倫理的変化

「では、もしも主がこれほどの長い年月の間、私のように醜い被造物をがまんしてくださり、念祷が、私のすべての悪に対する薬であったとすれば、たとえどんなに悪い人であろうとも、この修業に身をゆだねることを恐れるわけがあるでしょうか？　その人のみじめさがどんなに深くても、これほど大きなお恵みをいただいたあとでは、私ほど長い年月の間、そのみじめさに固執するようなことは決してないでしょう。聖主が私とともにおとどまりになれるよう、私が少しばかりの孤独と時間とを得るようつとめたばかりに、これほど私をがまんしてくださったのに、だれが信頼を失うことができましょう？　しかもたびたび、それは私の心の傾きに逆らってしたことでした。そのためには、大きな努力をしなければなりませんでしたから。というよりもむしろ、聖主ご自身この努力をなさらねばなりませんでしたから。さて、もしも念祷が、主に仕えず、かえって、主にそむく人にもこれほどの善をもたらし、これほど必要なものならば、そして、実際のところ、だれもそこに最も小さい不都合さえ見いだし得ず、むしろ、これをしないことにきわめて大きな害があるならば、神に仕え、神を崇めようとする人々は、なぜこの修業をしないのでしょうか？　事実、私にはそれが理解できません。ただ彼らが、人生の苦労のもたらす悩みを増し、神に対して門を閉ざし、御慰めを彼らにほどこされることを妨げたいならば別ですけれど。そうです、ほんとうに彼らは気の毒です。なぜなら彼らは自分で労苦して神に仕えていますから。もしも、これに反して、念祷に身をゆだねるならば、すべての負担を引き受けてくださるのは主ご自身です。わずかの骨折りの代わりとして、主は、彼らに試練に堪えるための助けとなる慰めをお与えくださいます。」（自叙伝8・8）

真理への道

「聖主が真理の悟りにまで上げ給う霊魂の幸いなことよ！　おお、この状態はなんと帝王らのためになることでしょう！　それは広大な王国の獲得のために働くよりも、どれほど彼らのために益となることでしょう！　どれほどの正しさがこの王国を支配することでしょう！　どれほどの悪を避けうることでしょう！　そしてすでに避け得たことでしょう！　この状態において、人は神の愛のために命も名誉も失うことをもう恐れません。臣民らよりも、もっと神の光栄のために働くべき義務のある帝王たちにとって、それはどれほどの宝でしょうか！　彼らこそ他の人々の手本とならなければならないのですから！　信仰を一歩でも進ませ、異端者らにいくらかでも光を与えるために、彼らは千の王国をも犠牲にする覚悟があることでしょう。それはもっともなことです。この交換によって、彼らは終わりなき王国をかちうることでしょう。霊魂はこの天の水の一滴を受けただけで、もう地上のすべての事物に対して嫌悪をいだくように見えます。ですから、そのなかにすっかり沈められた時はどうなるでしょう？」（自叙伝21・1）

確信をもって歩み始める

「私どももまた、もしむざむざ負かされないなら、必ず望みをとげられるという確信をもって始めることが必要です。これは少しも疑いの余地のない事実であって、たとえそこから得る利益がどのように少なくても、それは私どもをとても豊かにしてくれます。この泉で飲むようにと呼んでくださる主が、あなたがたをかわき死におさせになる気づかいはありません。これは前にも申したことですが、何度でも繰り返したいと思います。主のあのおやさしさを、信仰では知っていても、実際に経験したことのない人たちは、たびたびおじけをいだくものですから。この道を行く者を主がどれほどの友情といたわりをもってお扱いになるか、そして、まあなんと旅費をほとんどみなご自分で引き受けてくださるかを経験したことがあるのは大きなことです。」（完徳の道23・5）

b．歩み始めるための助言

自らの内に入る

「私はでたらめを言っているように見えます。もしこのお城が霊魂自身のことであるのならば、霊魂にその中にはいれないのはわかりきったこと、自分自身がお城なのですから。もうすでに部屋にはいっている人に向かって、おはいりなさいと言うのは愚かなことのように聞こえるでしょう。けれども、一つところに住むにしても、その住みかたは、じつにいろいろさまざまです。多くの霊魂は、城の外郭の、番兵のいるところにとどまって、中にはいりたいとは全然思わず、このすばらしい場所には何があるのか、どなたがおいでになるのか、そしてどんな部屋があるのかを知ろうともしません。たぶんあなたがたは何か念祷の本の中で、みずからの内部にはいれと勧めているのをお読みになったことがあるでしょうが、ここで言っているのはまったくそれなのです。」（1霊魂の城1・5）

真剣に受け止める

「このように貴重な宝の獲得を、雄々しく追求しようと決意する恩恵と勇気が、ある霊魂に与えられるのは、主の御憐れみの大きな結果です。もしも霊魂がしんぼう強く続けるなら、神はだれにもご自分を拒み給わず、少しずつ彼の勇気に力をそえられ、ついに勝利を得させてくださるでしょう。私は勇気と申します。なぜなら、悪魔は最初から、この道の入口をすっかり塞ぐために、群なす障害を引き起こすでしょうから。悪魔は自分がどんな損害をそこでこうむるか、そして一つだけではなく、数多くの霊魂が自分の手からのがれてしまうのだということをよく知っているので、このようにするのです。事実、神のお助けによって、完徳の絶頂を目指して、決然と歩みはじめる者は、決してただひとりでは天国に行かないと私は信じております。彼はいつもたくさんの人々を自分のあとに従えて行きます。彼は伴《とも》に連れ立って歩む数多くの人々を、神より託せられた勇ましい将師《しょうすい》のようです。」（自叙伝11・4）

神が私の内におられると考える

「あなたがたは、神があらゆる所においでになるのをご存知です。ところで、王のおられる所に宮廷ありというのは明らかなこと。ですから神のおいでになる所が天国です。あなたがたは、いと高きおん者のおいでになる所にはあらゆる光栄があると、一つの疑いもなしにお信じになってよいのです。聖アウグスチヌスが神をいろいろな所に捜したあげく、自分自身のうちに見いだしたと語っていられるのをお考えなさい（告白10巻27）。気の散りやすい人にとって、この真理を悟り、自分の永遠の父に向かってお話しするにも、そのおそばで楽しむためにも、天にまでのぼる必要はなく、大声で話すこともいらないとわかるのは小さなことだとお思いになりますか。たとえどのように小声でお話ししても、ほんとうにすぐそばにいらっしゃるので、私どもの言うことを聞いてくださるでしょう。またおん父を捜しに行くのに翼の必要もありません。孤独《ひとり》となって、自分のうちに現存なさるかれを見さえすればよいのです。このようにご親切な貴賓《まろうど》によそよそしくしてはいけません。ただ深くへりくだって、父に話すようにお話しし、父にたのむときのようにお願いし、自分のいろいろの試練を打ちあけてよい処置をとってくださるようお願いなさい。でも、自分がそのかたの子どもと呼ばれる資格のないものであることを、よく自覚しながら。」（完徳の道28・2）

意識を集中させる習慣をつける

「こうして、私どもの霊魂というこの小さな天国―その天も地もお造りになったおかたが住んでおられるこの小さな天国―に閉じこもることができ、何も見ず、五官の注意を散らされるような所にとどまらない習慣をつける人は、たいへんすぐれた道を歩んでいるのであって、必ず泉の水を飲めるようになれると思います。少しの時間でたくさん歩みますから。かれらは船で旅する人のようで、少しの順風に恵まれると、わずかの日数で目的地に着いてしまいます。ところが陸を行く人たちは、ずっと手間取るのです。」（完徳の道28・5）

私たちの内にある美しさを認識する

「さて、私どものうちにはすっかり金と宝石とで建てられたこよなく美しい宮殿、つまり、あのように偉大な主にふさわしい宮殿があるということを考えましょう。そしてこの建物がこんなにも美しいのには、あなたがたの力も一部あずかっているということ（ほんとうにそうなのです。清く、そしてまたいろいろの徳で満たされた魂ほど美しい建物はありませんし、徳が大きければ大きいほど、宝石はなおひとしお輝くのですから）、それからまた、この宮殿の中には、あなたがたの父となってくださったあの偉大な王がおいでになり、かれはこの上なく値高い玉座―つまり、あなたがたの心―に席を占められておられる、ということをお考えなさい。これ―つまり説明のためにこんなたとえを使うこと―は、初め変に思えるでしょうが、たぶん、たいへん役に立つかもしれません。ことにあなたがたのようなかたには。というのは私ども女性は無学ですから、外《そと》に見るものとはまったく比較にならないほど貴《とうと》い何物かが自分のうちにあるのだということを、実際にわかるためには、こうしたことを考えてみる必要があるのです。私どもの内心は空《から》だなどと思わないようにしましょう。」（完徳の道28・9―10）

キリストを友として思いうかべる

「私たちは精神的にキリストの尊前《みまえ》に身をおき、その聖なるご人性に対する最大の愛に少しずつ燃え立ち、常に彼のおそばに侍《はべ》り、彼に語り、私たちの必要とすることをお願いし、悲しみにあっては彼に向かって嘆き、慰めにあっては彼とともに喜び、好運にあっては彼を忘れないよう警戒し、複雑な祈祷文など求めず、自分の望みや、必要を打ち明ける単純な言葉でお話するようにしましょう。」（自叙伝12・2）

知性の使い方

「悟性の助けを借りて多く推理し、一つの主題から数多くの考えや、反省を引きだすことのできる人々に、お勧めするもう一つの忠告があります。この手段を持たぬ人々―私の場合がそうでしたが―には、神が、彼らにたずさわるべき何ものかをお与えになり、ご自分の光を伝達してくださるまで、忍耐して待つようにとのみお勧めします。彼らは自分からはあまりにもわずかなことしかできず、彼らの悟性は、助けとなるよりは、むしろ妨げになりります。さて、推理の働きを用いる人々に立ちもどりましょう。私は彼らに、念祷の時間中、終始それを用いないように勧めます。この修業はたいへん功徳があり、甘味に満ちているので、このためには、日曜日もなく、作業を免除される一瞬間もないように彼らは思います。さもないと彼らは、ただちに時間をむだにしていると想像します。けれども私は、この時間の浪費がたいへん貴重な利益のように思います。ですから、先に申しましたように、彼らは、悟性を疲れさせずに、聖主の尊前にとどまるのがよろしいでしょう。そして聖主にお話し、聖主とともにいることを喜びとなさい。長々しい口上をつくろうとして思いわずらわず、単純に自分の霊魂の必要や、ほんとうなら主は、彼らがご自分の前にとどまることをとてもお忍びになれないはずである理由を申しげるのがよいでしょう。いつでも同じ糧《かて》を与えて霊魂を疲らせないため、以上のような考察のうち、ある時はこれを、他の時はまた別なのを選ぶべきです。これらの糧《かて》は快い味に満ち、たいへん有益です。これに慣れますと、その味をおぼえ、霊魂に生命を与え、最も貴重な益をもたらすかの強い養分をくみとります。」（自叙伝13・11）

c．どのように祈りをすすめるか

歩みはじめ

「さて、それでは私どもの口祷のお話しにもどりましょう。自分ではどうしてか意識しないうちに、神からすべてのお恵みを一時にいただけるようなしかたで、それを唱えることができるように―。まず第一にしなければならないのは、もうご存じのとおり、良心を調べ、痛悔の祈りを唱え、十字架の印をすることです。それからすぐに、娘たちよ、あなたがたはひとりぼっちですから、どなたか、いっしょにいる相手をお捜しなさい。ところで、あなたがたが今、唱えようとするこのお祈りを教えてくださった先生ご自身以上に、よい相手《とも》があるでしょうか。このみあるじが自分のすぐそばにおいでになるとお考えなさい。どれほどの愛をこめ、どれほど謙そんにあなたがたに教えてくださるかをごらんなさい。私を信じてください。あなたがたにできるかぎり、このようによい友なしにいてはなりません。もしあなたがたが自分のすぐそばに主を持つことに慣れ、そして主のほうでも、あなたがたが愛をこめてそれを実行しながら、かれをお喜ばせしようと努めているのをごらんになるならば、あなたがたはもう、俗に言うように、かれを追い払うことはできないでしょうし、主のほうも決してあなたがたをお見捨てにはならないでしょう。主はあらゆる労苦の中であなたがたをお助けになり、あなたがたはどこででもかれとごいっしょでしょう。このようによい友をいつも自分のそばに持つのは、小さなことだとあなたがたはお思いになりますか。」（完徳の道26・1）

唱えていることを理解する

「今ここで、あなたがたにお勧めしたい―お教えしたいと言ってもよいでしょう（私はあなたがたの母ではあり、受けている修院長の務めから言っても、それは許されます）―ことがあるのです。それは、どのように口祷を唱えなければならないか、ということ。あなたがたが、自分の言っていることを理解なさるのは正しいことですから。神を考えることのできない人は、長いお祈りでも疲れるかもしれません。ですから私はそういう祈りについて話したくありません。ただキリスト信者である以上、私どもがどうしても唱えなければならないもの、つまり『主の祈り《パーテル・ノステル》』と『アヴェ・マリア』だけについてお話ししましょう。だれも私どものことを、『自分の言っていることもわからずに話しているのだ』などと言えないようでなければなりません、ただ習慣的に口でことばを唱えていれば、それでじゅうぶんだと思うのなら別ですが―。それで足りるかどうか。それについて私はここで、よけいな口をはさみません。それは学者がたが教えてくださるでしょう。でも娘たちよ、私どもとしてはそれだけで満足したくないものだと私は願っています。私が信仰宣言を唱えるとき、私は自分の信じていることをわかっているのが当然に思われますし、『天におられるわたしたちの父よ』と言うときは、この私どもの『父』がどのようなおかたか、この祈りを教えてくださった先生はどなたであるかを知りたいと願うのが愛ではないでしょうか。」(完徳の道24・2)

孤独のうちに、そして常識をもって

「さてまず第一に、もうご存じのとおり、みあるじは孤独のうちに祈るようにとお教えになります。主おんみずから、お祈りになるときはいつもそうなさいました、それが主にとって必要だったわけではありませんが、私どもの教訓のために—。前にも申しましたが、神と世間に対して同時に話すことはできません。ところが、お祈りを唱える一方、ほかの人たちの話には耳を傾け、頭に浮かんだことには考えをとられるままにそれをおさえる努力をしない人のしているのは、まったくそれなのです。時としてはどうしてもやむをえないこともあるでしょう。気分が悪いとき、またことにメランコリーの人、それから頭の疲れているときなどは、いくら努力しても「心を集中させることが」できないものです。また神がそのしもべたちのより大きな利益のためにお許しになる大あらしのときもそうで、かれらが悲しみ嘆きながら一生けんめい、心を静めようとしても、それもできず、自分の唱えていることに注意をとどめようとしてもできません。いくら努力しても頭の働きは何の上にもじっと固定せず、まるで狂ったように、ただうろうろさまよいまわっています。それを苦しく感じているのですから、本人のあやまちでないことがわかるでしょう。ですから煩悶《はんもん》してはいけません。そんなことをすればもっと悪くなるだけです。また理性がないものに理性を与えようとして疲れてもいけません。そのとき、ほんとうに悟性は全然、理性がないのですから。ただ、できるように祈れば—あるいは少しも祈らなくても—いいでしょう。ほかの徳の実行に励んで、霊魂のほうは病気と思って楽にさせてやるよう努めますように。」(完徳の道24・4—5)

愛における修練

「まず第一に、私の乏しい能力が許すかぎりにおいて、完全な念祷の本質は何であるかを、はっきりさせておきたいと思います。私が出会った人々の中には、念祷を悟性の訓練としてしか考えていないような人々がいますから。どんなことをしてでも、長時間、主について黙想することができれば霊的生活をしているとすぐに思うのです。意志に反してそこから引き離されると、たとえ善行に携わるためであっても、落胆して自分はもうだめだと思ってしまいます。このような場合でも、学問のある人なら、決してこのような無知、このような過ちに陥りません。けれども私たち女は、この種のあらゆる錯覚に対して用心しなければなりません。といっても、主のみ業について絶え間なく考えることができるということが、恵みでないと申しているのではありません。そうするように努力するのはよいことでさえあります。にもかかわらず、おわかりください、すべての人がそれに適した想像力に恵まれているわけではありません。けれどもすべての人は愛することができます。想像力がさまよう理由については、ほかのところですでに述べました。そのすべてを列挙することはとてもできないことですので、そのうちの幾つかを挙げただけでしたが、とにかく今はその問題に立ち入らないようにしましょう。私はただ理解していただきたいのです。霊魂は思考ではないということを、そして思考が意志を左右するのではないということを。もしそうなら、霊魂はとても不幸でしょう。ですから霊魂の進歩は多く考えることにあるのではなく、多く愛することにあります。」（創立史5・2）

感覚を生かして

「結論として申しましょう。この習慣を獲得したいと思う人は―繰り返して申します、それは私どもにできることです―前に私が言ったことに慣れるよう努力して、決して飽きてはいけません。そうすれば少しずつ自分自身を支配するようになるでしょう。むだなほねおりをしていないで、感覚を内的潜心に利用して自分の利益のためにお働きなさい。話すときには、自分のうちにもお話しすべきどなたかがおられるということを思い出すように努め、人の話を聞くときには、もっと近くで自分に話しておられるおかたを聞かなければならないと思うべきです。とにかく、もし自分さえ望めば、このようによい友から決して離れずにいられるのだということを、よくのみ込まなければなりません。そして、自分にはその助けがほんとうに必要な父を長い間ひとりおき去りにしたときは、後悔しなければなりません。この実行を、できれば一日にたびたびお繰り返しなさい。もしできれば、せめてときどき——。これに慣れれば、おそかれ早かれ、そこから利益を得るでしょう。そしてひとたび主がこのお恵みをくださったそのときには、人はもうそれを、どのような宝とも交換したく思わないことでしょう。」（完徳の道29・7）

ご像や聖画の助けをかりる

「［いつも主とともにいられる］ためには、自分の好みに合った主のご像かご絵かを持つようにすると、たいへん助けになるでしょう。それをちっとも見ずに胸につけておくためでなく、たびたび主とお話しするのに使うために——。そうすれば申しあげるべきことを主が教えてくださるでしょう。ほかの人たちとはよくお話のできるあなたがたが、どうして神とお話しするとなると、ことばが出ないのですか。―出ない、と思ってはいけません。少なくとも私はそう思いません、もしあなたがたがこの方法をお用いになれば……。というのは、だれかと交際をしないと、互いにすっかり隔たりができてしまい、その人と話すときにはもう何を言ってよいかわかりませんし、たとえ、かれが自分の親類でも、まるで知らない他人のように思われます。血族関係にせよ、友人関係にせよ、つき合いをやめると消えてなくなってしまうものですから。」（完徳の道26・9）

本の助けをかりる

「自国語で書かれたよい本を使うのも、考えを集中させるため，そして口祷をよく唱えられるようになるために、たいへん大きな助けになります。こうした魅力や工夫《くふう》であなたがたは少しずつ自分の霊魂に、念祷をこわがらない習慣をつけさせて行くでしょう。長年、夫と離れていた妻のことを考えてごらんなさい。家に帰ろうという気にならせるまでには、たくみにいろいろ交渉しなければなりません。私ども罪人もちょうどそのとおりなのです。私どもの霊魂も考えも、自分の好み―と言うよりは、苦しみと言ったほうがよいでしょう―のままに生きる癖があまりついてしまったので、（かわいそうな霊魂はもう自分がわからなくなっています。）ですから自分の家にとどまることをふたたび愛するようにならせるためには、ずいぶん工夫が必要なのです。こうしなければ、そして、ゆっくりやるのでなければ、私どもは何もできないでしょう。」（完徳の道26・10）

主の祈り

「この福音的なお祈りのなんという崇高な完全さ！　それはほんとうに主をあつくたたえさせるものです。あのようによい先生によって、じつによく作られているので、娘たちよ、私どものひとりひとりが自分の目的のためにこれを使うことができるのです。私は、このほんとうにわずかなことばのうちに、観想と完徳とがみな含まれているのを見て感嘆し、これ以外に私どもには何も本は必要でなく、ただこれだけをよく勉強すればそれでよいような気がします。今までのところで、主は念祷と高い観想との方法を、初歩の念祷から始めて静穏の念祷、一致の念祷に至るまで、全部教えてくださいました。もし私に話す能力があれば、このように確実な基礎にたよりながら、念祷についての大きな本が書けるでしょうのに……。」（完徳の道37・1）

キリストの秘義を黙想する

「事実、私たちは、聖主が私たちのためにお忍びくださった苦しみを黙想し、深く省察いたしますと、同情の念に心を動かされます。そしてこの省察からくる悲しみや涙は甘味なものです。また、私たちの希望の目的である光栄、私たちに対する聖主の愛、聖主のご復活などについて考えます時、まったく霊的でもなく、まったく感覚的でもない喜びを感じますが、この喜びは、先の悲しみがたいへん功徳あるものであったように、徳によるものです。このように、ある程度まで悟性の働きの結果である、敬虔の情を生じさせるいっさいのことは、同様功徳になることです。もっとも、神がお与えにならぬなら、私たちはそれに価することも，それをかちうることもできません。」（自叙伝12・1）

「この私たちの主は、私たちにとって、あらゆる善の源でいらっしゃいます。彼こそあなたに教えてくださるでしょう。彼のご生活をおながめなさい。それは模範中の最も完全な模範です。私たちは、世間の友人たちのように、試練や迫害の時に、私たちを捨て去るようなことのない、このように献身的な友を自分のそばに所有する以上の何を望むことができましょう？　真実に彼を愛し、いつも自分のそばに彼をおとどめしている者はなんと幸いでしょう！　光栄ある聖パウロのことをお考えなさい。彼は自分の心の奥深くに、あまりにも親しくイエズスを所有し奉っていたので、イエズスの聖名を口にのぼせることを決してやめ得なかったかのようです。」（自叙伝22・7）

私を愛してくださっているキリストの愛を思う

「私は次のように結論したいと思います。私たちがキリストのことを思いだすたびごとに、このように高い恩寵を私たちに賜うことによってあかしてくださった主の愛と、私たちに対するそのご慈愛のこれほどの保証を、キリストにおいて与えるよう促す父なる神の、あまりにも大きい愛を思いだしましょう。なぜなら愛は愛を呼びます。私たちの愛はまだその初期にすぎず、私たちはきわめてみじめな者でありましょうとも、この考えを常に念頭におき、愛するよう自らを刺激するために、何もおろそかにしないようにいたしましょう。そして一日、主がその御憐れみによって、私たちの心にこの愛を印刻してくださったなら、私たちにとって、すべてはやさしくなるでしょう。そして私たちはきわめて短時日で、いっこう労苦せずに最大の進歩をとげるでしょう。どうかいと高き神が、この愛を私たちにお与えくださいますように、彼はそれがどれほど私たちに適するかをごぞんじなのですから。私は、彼が私たちに対していだき給うた愛と、これほどの犠牲をもって、ご自分の愛を私たちにお示しくださった光栄《さかえ》ある彼の御子によって、お願い申し上げます。アーメン」(自叙伝22・14)

共に歩む仲間をさがす

「一つの霊魂がこれほど多くの危険の真中《さなか》にただひとりでいるということは、まことに大きな不幸です。もしもその時私が、自分の心をすっかり打ち明けられるかたを見いだしたなら、ふたたび倒れないための助けをそこから受けたことでしょう。神の恐れがなかったとしても、少なくとも恥ずかしさのために、罪を避けたことでしょう。それで私は、念祷をする人々に、特に初めのうちは、同じくこの修業を実行している人々との友情、交際を求めるようにお勧めしたいと思います。このことはたとえ、相互のために祈るという利益しかない場合でも、非常に重要なことです。ましてほかにもたくさんの利益があるのですから！　もしも世間で、あまりよくない会話や愛情を求め、憩《いこ》いの甘味を味わい、むなしい物語で、おのが喜びを増そうとして友だちをつくるのならば、神を愛し、神に仕えようと堅く決心した者が、自分の喜びや悩みを、ある人々とともに語り合うことがどうしていけないのか私にはわかりません。喜び、悩みは、両方とも念祷の霊魂が経験するのを常とすることですから。もしも聖主との友情に達しようと真に望むならば、虚栄を恐れてはなりません。この霊魂は、このような心の最初の動きを感じるや否やただちに、それに打ちかって、退けてしまいます。私の考えでは、会話においてこういうまっすぐな意向を持つことは、自分にもまた、相手にも最

も大きな益となります。そこから、いっそう強い光が発し、自分で気づかぬうちにさえ、友を教えています。」(自叙伝7・20)

経験豊かな人に頼る

「それゆえ、指導者が賢明であること、つまり、よくものわかった経験のある人であることがたいへんたいせつです。その上にさらに教義上の知識を持っていれば、それはたいへんよいことです。しかしもしも、この三つの長所のそろっている指導者を見いだすことができなければ、初めの二つが最もたいせつであることを、知っていてほしいと思います。なぜなら、必要の場合、学識のある人のところに行って、意見を聞くということもできますから。初心者は、念祷に身をゆだねていない学者からは、うるところが少ないように私は思います。私は学者と話し合わぬようにとは申しません、なぜなら霊魂が真理の道から歩みはじめないのならば、むしろ念祷をしないほうがよいと思いますから。学問は大きな宝です、わずかのことしか知らない私たちを教え、光を与えてくれます。学問のおかげで私たちは聖書の真理を知るに至り、それによって自分のなすべきことをするようになります。どうか神様が、ばかげた信心などからは、私たちをのがれさせてくださいますように！」（自叙伝13・16）

内的、外的な困難を前にして

「神は私たちのみじめさや卑しい本性を、私たち自身よりもっとよく知っておられ、また、これらの霊魂たちが、いつでも神について考え、神をお愛しすること以外に野心を持たぬこともよくごぞんじです。これこそ、神のみ心に適《かな》う決意です。私たちが自らひき起こす悲しみの情は、私たちの霊魂を乱すのに役だつばかりです。そしてもしも一時間の念祷を利用することがへたであったなら、四時間やっても同じことでしょう。この点について私は大いに経験があります。（これは事実です。私は注意深くこれを観察いたしましたし、またさらに霊的な人々とも、このことについて話し合いましたから。）こういうことは非常にたびたび、からだの不調からきます。私たちの憐れな霊魂、肉体のなかに閉じこめられたこの気の毒な囚人は、肉体の弱さに与《あず》かるほど私たちのみじめさはひどいものです。時候の変化、肉体上の気分の変動は、霊魂の側《がわ》にはあやまちがないのに、霊魂が欲《のぞ》むところをするのを妨げ、あらゆる種類の苦しみを霊魂に及ぼします。そんな時、霊魂を無理強《じ》いすればするほど、その状態を悪化し、そしてそれを長引かせます。それでこの悪い状態がこういう原因からきている場合には、それを発見するため慎重にふるまい、かわいそうな霊魂を窒息させてしまわぬようにせねばなりません。こういう人々は、自分が病気だということをわからなければなりません。念祷の時間を変えるのがよく、そしてまたたびたび、数日間続いてこういうふうにふるまわねばなりません。そしてこの流謫の地を、まあどうにかしてがまんしてください。神を愛する霊魂にとって、このようなみじめさの真中《さなか》にいる自分を見、この肉体という情けない宿主のおかげで、自分の望みを実現することができないというのは、まことにつらい十字架です。」（自叙伝11・15）

d. 友である神に出会う祈り

神が住んでおられる

「外《そと》に見る物とはまったく比較にならないほど貴《とうと》い何物かが自分のうちにあるのだということを、実際にわかるためには、こうしたことを考えてみる必要があるのです。私どもの内心は空《から》だなどと思わないようにしましょう。そう思うほどどうかうかしているのは、どうか女だけでありますように！　もし私どもが、自分のうちになんという賓客《とも》を持っているかを思い出すよう、いつもいつも心がけるならば、この世の事がらにこんなに身を入れることは、とてもできないだろうと思います。自分のうちに持っているものに比べれば、それがどれほど卑しいかを見るでしょうから。」（完徳の道28・10）

全ての人を愛される神

「神はご自分のためにすべてを捨てる霊魂に、ご自分をお与えになるのは確実だということをお考えください。彼はだれに対しても、えこひいきなさいません。彼はすべての人をお愛しになります。だれも、どれほどみじめな者であるからとて、それを言い訳にすることはできません。彼は私のような者をこのようにお扱いになり、これほど高い状態におあげになったのですから。私の言うことは、それについて語り得られることの要約にすぎぬことを知っていてください。私はただ神が霊魂に賜うこの種の幻視と恩寵とをわからせるために必要なことだけを申します。けれども主がご自分の秘密や偉大さをわからせ給う時に感じることを、言い表わすことはできません。その楽しみは人の悟りうるいっさいをはるかに越え、理の当然として、この世の楽しみを憎悪させます。事実この世の楽しみなどみな集めても、結局泥にすぎないものです。たとえそれらが終わりなく続くものであったとしても、ここでそれらをひき合いにだすのは不快なことです。しかも、これらのお恵みも、主が私たちのために準備してくださった悦楽の大河の水の一滴にすぎません。」（自叙伝27・12）

私を変えてくださる神

「たびたび、私は神の大いなる御慈しみを思って、驚嘆し、そして私の霊魂は、神の大らかさや無限の御憐れみの思いに法悦にひたっておりました。主は、そのすべての恩恵のゆえに永遠に祝せられ給え！　なぜなら、私は、はっきり見たのですが、ごく、ささいなよい望みでも、もうこの世においてすでに、主はそれをお報いにならぬということは決してありませんでしたから。私のわざがどんなに悪く、不完全なものであったとしても、このよき師は、少しずつそれらをよくしてくださり、完成してくださり、それらに価値をつけてくださいました。私の過失や罪はといえば、主はすみやかにそれらを隠しておしまいになるのでした。そして、ただいま、聖主は、こういう過失や罪の証人であった人々が、もはやそれらを見ず、思いだしもしないことをお許しになります。主は私の過失に金をかぶせてくださいます。そして、私が、どうしても受けなければならないようにして、私のうちに御自らお置きになった徳を輝かせてくださいます。」（自叙伝4・10）

神は常におられる

「私ははじめのころ、神がすべての被造物のなかに実際にましますということを知りませんでした。それで私の霊魂にとって、このように深く親しく思えるご現存は不可能に思えました。いっぽう、そこに神がましますことを信じるのをやめることもできませんでした。なぜなら、私がはっきり悟ったと思っていたところによれば、神は、ほんとうにご自身、そこにおいでになるからでした。あまり学問のない人々は、神はただ恩恵によってだけそこにおいでになると私に申しました。けれども私は、彼らを信じることができませんでした。なぜなら、繰り返して申しますが、私には神がおん自らそこにおいでになるように思われましたから。それで、私は悩んでおりましたところ、光栄ある聖ドミニコ会の、深い学識をそなえた一修士が、私をこの疑惑からだしてくださいました。このかたは、神は真実に私のうちにおいでになるとおっしゃり、また神がどのように私どもと交わり給うかを、説明してくださいましたので、私はたいへん慰められました。」（自叙伝18・15）

私に与え続けてくださる神

「私どもがある人の恩恵をたびたび思いだしますと、その人をいっそう愛するようになるというのはたいへん明らかなことです。ところで、神は私どもに存在を与え、虚無より引きだし、私どもの存在を支え、私どもを創造するずっと前から、現に存在する人々の各々のため、ご自分の御苦しみやご死去その他のすべての恩恵を準備なさいました。それでこういうことを絶えず思い起こすことが許され、またたいへん功徳になるとすれば、かつては軽佻《ちょう》な会話を喜んだ私が、今日では、主のたまものによって、ただ主とのみ語り合いたいと望んでいることをたびたび認め、見、考えることがどうして私に許されないのでしょうか？　これこそ貴重な宝石です。これが私どもに与えられ、自分の所有となっていることを思いだすことは、私どもの恩人を愛するようにと招き、かつ、強制さえします。これが謙遜に基づいた念祷の全果実です。」（自叙伝10・5）

私を豊かにしてくださる神

「けれども自分が富んでいることを知らない者は、どうしてその宝を利用し、惜しみなくそれを分配することができるでしょう？　私の考えでは、自分が神から寵愛されていることを悟らない時は、私どもの本性の弱さから見て、偉大なことへと心が傾くのは不可能だと思います。私どもはあまりにもみじめで、あまりにも地上の物事《ものごと》のほうに傾いているので、天の宝のなんらかの保証を自分のうちに認めないなら、地上のすべての宝を真実に軽蔑し、絶対的離脱のうちに生きるのはたいへんむずかしいのです。実際、主は、これらのたまものによって、罪によって失った力を私どもに返してくださいます。しかし、もしも前もって与えられる愛のいくぶんと、きわめて生き生きした信仰をすでに持っていなければ、すべての人の軽蔑と嫌悪の対象となろうと渇望し、完全な人々が所有している他の崇高なすべての徳を実行しようとするのは、たいへんむずかしいでしょう。私どもの本性はあまりにも気力がなく、私どもは、いま現に見えることにしか向かいません、それゆえ、これらの恩恵《めぐみ》は、私どもの信仰を目ざまし、それを力強くするために与えられます。たぶん私は、徳の不足のため、自分をもととして他人を判断しているかも知れません。ある人々には、きわめて完全なわざを果たすため、ただ信仰の徳だけで足りるということもあり得ましょうが、こんなにみじめな私にはこういうすべての助けが必要でした。」（自叙伝10・6）

神のまことの愛に自らを開く

「私はいま、愛の僕《しもべ》となりはじめた人々についてお話しましょう。愛の僕《しもべ》と申しましたが、これほど愛してくださったおかたに、念祷の道によって従おうと決意いたします時、私たちは、それ以外のものではないように思われますから。これはあまりにも高い位ですので、私は非常な喜びをおぼえずに、それについて考えることはできないほどです。実際、もし私どもがこの最初の状態のうちに、ふさわしく歩むなら奴隷的恐れは間もなく追放されてしまいます。おおわが魂の主、わが宝よ！　あなたはなぜ、あなたをお愛ししようと決心し、よりいっそうよく愛に生きられるようにすべてを離れるため、できるかぎりのことをする霊魂が、ただちに完全な愛に達する喜びを味わうことを欲《のぞ》まれないのでありましょう？　私の言い方は正しくありませんでした。私は嘆きつつ、なぜ私たちはそれを欲《のぞ》まないのか？と言うはずでした。なぜなら私たちが、すぐそのような高さに達しないならば、あやまちは全部、私たちの側にあるからです。この真《まこと》の神の愛は、人がこれを完全に所有するようになりますと、すべての宝をともにもたらすものです。けれども私たちは自分をあまりにも高く評価しています！　私たちは神に、自分自身の絶対的奉献ということをなかなかせず、このお恵みをいただくための準備をいつまでたってもしとげないのです。しかし神のほうでは、もし私たちが高い価を払わないならば、このように貴重な恩恵を享有させることを欲《のぞ》まれません。」（自叙伝11・1）

友である神を信頼する

「いいえ、いいえ、自分のうちにこのような決意を認めるや否や、何も恐れるものはありません。おお霊的生活に身をゆだねる人々よ、あなたがたは、もはや何も悲しむべきことはありません！　あなたがたは、すでに神とのみ語ることを望み、世のすべての気晴らしを捨てるほどの高い度合に上げられているのですから、いちばんむずかしいことは果たされたのです。これほどのご恩恵について聖主をおたたえなさい。主のご慈悲に信頼なさい。神がご自分の友人らをお助けにならなかったことは決してありませんでした。けれども、『なぜ、主はこれほどの長年月を経ても、私に拒まれる敬虔の情を、あの人には短時日で与えられるのであろう？』などという考えを持ち続けないようにご用心なさい。そういうことはすべて、私どものより大きな善益のためであり、聖主はご自分の好まれるところを通らせて、私どもを導かれることを確信なさい。私たちは、もはや自分のものではなく神のものです。主が私たちに、主の庭を耕《たがや》そうとの望みを起こさせてくださり、庭の主《あるじ》にましますご自分のそばに、とどまらせてくださるだけでも、すでに大きなお恵みです。そして彼が、私たちとともにましますということは確かです。このことを疑いますまい。植物や花が、ある霊魂においては、自分が井戸から引きだす水で成長し、また他の霊魂においては、水なしで成長することを主が欲し給うとて、私になんの関わりがありましょう？　おおわが神よ、あなたがよいとお思いになるがままになさってください。けれども、どうか私は、もはやあなたにそむくことなく、また、もしも御慈しみによって何かの徳を私のうちにすでにお置きになったとすれば、もはやそれを失うことがありませんように。私は苦しみたいのです。おおわが主よ、なぜなら、あなたは苦しまれましたから！　どうか、あなたの聖旨がどうしても私のうちに果たされますように。けれども、ああわが主よ、あなたの愛というような貴重な宝を、ただ慰めを味わうためにしかあなたにお仕えせぬような霊魂に、お与えにならないでくださいませ！」（自叙伝11・12）

勇気をもって

「大きな信頼心をもって勇気をふるい起こさねばなりません。なぜなら望みを小さくしないことがたいへんよろしく、私たちも努力すれば、多くの聖人がたが神のお恵みによって達した所に、すぐにとは申しませんが、少しずつなりとも近づくことができると、神のご慈悲に期待すべきですから。もしも聖人がたがこういう望みを決していだかず、少しずつそれらを実行に移すようにしなかったとしたら、彼らは、あのように高い状態に達しなかったことでしょう。神は、謙遜で自分自身に少しも頼らない者であるかぎり、勇ましい霊魂を、お求めになり、お愛しになります。彼らのうちのひとりでも霊的生活の低い小道でとどまってしまうのを私は見たことがありません。また謙遜の口実のもとに身を隠す小心な霊魂が、長年月ののち、ほかの者が短日月で歩んでしまう道程を歩み終えたのも見たことがありません。私は、この念祷の道において、大きなことを果そうとふるい立つことがどんなにたいせつであるかを見る時、驚嘆いたします。初めのうち、霊魂はあまり力がありませんが、羽ばたき一つで、ずいぶん高く上ることができます。もっとも、まだ羽のない小鳥は途中で疲れて、とどまりはしますが…。」（自叙伝13・2）

神のご慈悲に信頼する

「私どもの犯しうるあらゆる悪に越える神のご慈悲に、どうか霊魂が信頼いたしますように。もしも私どもが自分についての謙遜な認識によって、神のご愛情にふたたびもどろうと望むならば、神は私どもの忘恩をお忘れになります。神が私どもをお満たしくださったお恩恵《めぐみ》は、それに不忠実であったからといって、神が私どもを罰される理由にはなりません。かえってそれらは、よりすみやかにゆるしを与えるように、神のみ心を促します。なぜなら、神は私どもを、もう前からご自分のお家に属していたもの、いわゆるご自分の食卓で、ともにパンを分け合った者のようにお見なしになりますから。それで、どうかこれらの霊魂が、主のお言葉を思いだし、私に対する主のなさり方を考えますように。主が私にゆるすのにあき給うよりも先に、むしろ私のほうが、主にそむくことにあきることでしょう。主は与えることに決してお疲れになりません。そして主の御憐れみの宝は、つきることができません。それで、それを倦まずにいただきましょう。主は永遠に祝せられ給え！　アーメン！　どうかすべての被造物が主の賛美を歌いますように！」（自叙伝19・15）

e．私たちの祈りの目的

キリストの思いに添って働く

「ああ、キリストにおける姉妹たちよ、私といっしょに、みあるじにこのお恵みをせつに願ってください。このためにこそ、主はあなたがたをここにお集めになったのではありませんか。これこそあなたがたの召命です。これこそあなたがたの仕事でなければなりません、あなたがたの望みでなければなりません。あなたがたの涙もこれ、あなたがたの嘆願もこれ……。いいえ、姉妹たちよ、私どもが心にかけなければならないのは、世間的なことではありません。私どものところに、神さまに願ってくださいと言って持ちこまれることを聞くと、おかしいよりもむしろ悲しくなってしまいます。いと高き神に、年金やお金もうけのことを願ってあげなければならないのです。かれらのうちの何人かには、そんなものをみな足下にふみにじるお恵みを神に願ってもらいたいと私は思いますのに……。かれらの意向はよいのです。その信心ぶかさを見ては私も結局、ご依頼に応じます。でも私としては、このようなことを願う場合、私の祈りは決してきき入れられないであろうと信じています。世はまるで火事のようではありませんか。あの無数の偽証人を立ちあがらせているからには、言わばキリストをふたたび処刑したいのです。それなのに私どもは、もし神がキリストの教会を地に打ち倒したいのです。

おきき入れになれば、それこそ天国に行く霊魂が一つ減ってしまうようなことをお願いして、時間つぶしをしなければならないのでしょうか。いいえ姉妹たちよ、違います。今はくだらないことを神にお願いする時ではありません。」（完徳の道1・5）

神と共に歩む友がいますように

「なぜ私はこんなことを申しあげたのでしょうか。それは姉妹たちよ、私どもが何を神にお願いすべきかを、あなたがたにおわからせするためなのです。よい信者をかかえているこの小さいお城から、ひとりでも敵方につく者が出ないように、そして、このお城または町の司令たち、つまり説教者がた、神学者がたが主の道に高くぬきんでられるように祈らなければなりません。また、かれらの大部分が修道者である以上完徳と召命に大きな進歩をされるように─これはたいへん必要です─祈らなければなりません。というのは、前にも言ったとおり、私どもを守るのは聖職者の腕であって、世俗の腕ではありませんから。ところが私どもは、このどちらの手段によってでも私どもの王さまをお助けすることができません。ですから、苦しい努力を払って学識を得、徳の生活に進み、今日、主をお助けするように準備なさったこれら神のしもべがたを、せめて自分の祈りでお助けできる者となるよう努力しましょう。」（完徳の道3・2）

他者の救いのために

「絶えずこのお願いをするのを、無益なことと思ってはなりません。自分の霊魂のためにたくさん祈らないと、ひじょうにつらく思う人があるものですが、このお祈りよりもっとすぐれたお祈りが、ほかにあるでしょうか。あるいは、このようにお祈りしても、それであなたの煉獄の苦しみが減るわけでもないと思って、くよくよなさるのなら……よろしい、このお祈りは、それも減らしてくれます。それでもまだ何かつぐないが残るなら、残ってもいいではありませんか。もし私のお祈りでただ一つの霊魂でも救われるのなら、最後の審判の日まで煉獄にとどまるくらい、なんでしょう。まして、たくさんの霊魂の利益と、主のご光栄のためになるというのなら、なおさらのことです。いずれは終わる苦しみなど、もしそれによって、私どものためにあれほど苦しんでくださったおかたに、もっと大きなご奉仕ができるという場合、ものとも思ってはいけません。いつもいちばん完全なことを知るようにお努めなさい。神への愛のためにお願いいたします。このお祈りをお聞き入れくださるよう、いと高き神に懇願してください。みじめな者ながら、私はそれを祈っています。神のご光栄と神の教会の利益に関することです。これこそ私の望むすべてです。」（完徳の道3・6）

愛において成長し、仕える

「それでは愛を獲得するにはどうすればよいのでしょうか。働き、かつ苦しもうと堅く決意し、機会あるごとに、この決意に従うことによってです。確かにこの決意は、主からいただいたお恵みについて、また神さまがどなたで自分が何者であるかについて黙想することによって得られることは事実です。初心者のためにはこの修練はひじょうに必要であり、かつ有益です。けれども、従順によって、また隣人の善益のために、奉仕の務めを課されたならば、そちらを優先しなければなりません。主のためにささげたいとあれほどあつく望んでいる時間、つまり主のことを考え、主のくださる甘美な喜びを楽しむために、孤独のうちに留まりたいと望んでいる時間であっても、もしその機会が訪れたなら、奉仕のために使うべきです。主のための時間を、従順によって、また隣人のために犠牲にすることは、主のお喜びになることです。なぜならそれは主のために働くことだからです。確かに主は、「これらのもっとも小さな人々の一人にすることは、私にすることなのだ」と言われたではありませんか。従順の点から見ても、主は弟子たちに、死に至るまで従順であられたご自身がたどられた道に従うことを望まれ、それ以外の道を行くことは誰にもお望みになりません。そうであるなら、私たちが一日の大半を深い孤独のうちに、主のうちにまったく沈潜《ちんせん》して過ごすことができなかった場合、たとえそれが従順、あるいは愛徳の業に従事したためであっても、ほとんどいつも不満を感じるのはなぜでしょうか。それには二つの理由があると思います。第一の、そして主な理由は自愛心です。この自愛心というものは、ひじょうに巧妙に隠れているため、私たちは自分が主のご満足ではなく、むしろ自分の満足を求めているのだということに気付かないのです。なぜなら、主がいかに甘美であるかをひとたび味わい始めた人にとって、最大の喜びは、すべての外的な業から離れて体を憩わせ、主の甘美さを味わうことであるのは当然ですから。」（創立史5・3―4）

f．自己認識の道としての祈り

中心となる価値

「もちろん、私たちは、自分が生来どういうものであるかを観察することを決しておろそかにすべきではありません。この霊的の道において、たとえ巨人の背丈を持っているものであろうとも、たびたび子どもの状態にもどって、子どものように乳房を吸う必要のない霊魂はありません。（どうか、この点を決して忘れませんように。これはあまりにも重要なので、こののちも、たびたび繰り返して言うことでしょう）なぜなら、たびたび初めにもどる必要のないほど高い念祷の状態というものはありませんから。しかし、自分の罪の観察、おのれ自身の知識は、この念祷の道において、ほかのすべての食物といっしょに食すべきパンです、たとえ、その料理がどんなにデリケートなものでありましょうとも。このパンなしに、霊魂は養われることができないでしょう。とはいえ、それは節度をもってとるべきです。霊魂がひとたび恩恵《めぐみ》によって征服された自分を認め、自分はなんのよいものをも所有することのできないのをよく納得し、このように偉大な王の前に恥じいり、王の大いなるご恩に対して、ごくわずかな返礼もすることのできないのを認めますなら、もうそれ以上そこで時間をいたずらに費やすなんの必要があるでしょうか？　むしろ、主がさしだしてくださるほかの食物のほうに行くべきです。それを拒むというのは道理に合いません。聖主は、私たちに適する食物を私たちよりも、もっとよくごぞんじです。」（自叙伝13・15）

「たとえあなたがたの観想がどれほど高くても、念祷の初めと終わりは、みずからを知ることにあてるという、この心づかいをお続けなさい。もし念祷が神からのものであれば、あなたがたが自分で心がけなくても、また私のこんな忠告などなくても、自然にもっとたびたびそうなさるでしょう。その念祷は謙そんを伴い、いつも必ず、自分がいかにつまらない者であるかを知る光をもっと強くさせていってくれますから。」（完徳の道39・5）

神の偉大さのうちに自己を知る

「この住居が順々に一列に並んでいると想像してはなりません。目をお城の中心に注いでください。そこがつまり、王様の住んでおいでになるお部屋、あるいは宮殿です。それからまた、パルミト(注)をお考えなさい。あのおいしい実は幾重にも皮に包まれていて、〔それをむかなければ〕たべられる肉までゆきませんが、この宮殿もちょうどそれと同じで、まわりからも、上からも、たくさんの住居にとり囲まれています。……霊魂に関するかぎり、いつも、その欠けるところなく完全な、豊かな、偉大なところをながめなければなりません。そうしても何も誇張になりませんし、霊魂の能力は私どもの想像をはるかに越えるのです。……さて、この宮殿にいられる〔神聖〕な太陽の光は、お城のあらゆる部分にさしこみます。ここで非常にたいせつなのは、少しでも、たくさんでも、とにかく念祷を実行している霊魂を片すみにおしこめたり、束縛したりしないことです。神がこれほど高い身分にお召しになったのですから、上のでも、下のでも、左でも右でも、住居を自由にお歩かせなさい。むりやりに長い間、一つ住居にとどまらせてはなりません、ええ、たとえそれが自己認識の住居であるとしても！　けれどもこの知識はなんと必要なのでしょう。それは、（どうぞよくわかってください）主のいられるその同じお部屋に入れていただいた人たちのためにも必要です。（たとえ、どんなに高くあげられたにもせよ、決して自分が何ものであるかをかえり見るのを怠ってはなりませんし、また、それは怠りたくてもできないでしょう。蜜蜂が巣箱の中で蜜をつくるように、謙そんもいつも働いていなければなりません。さもなければ、すべては失われてしまいます。）とはいえ、蜜蜂も、蜜を集めるために巣箱を出て、花から花へと飛びあるくのを怠らないということを考えましょう。おのれを知ることについても、人はこれと同じようにしなければなりません。私をお信じなさい。ときとしては高く飛びたって、おのおのが神の偉大さをながめるべきです。そうすれば、自分自身にとじこもっているよりもずっとよく自分の卑しさが見えますし最初の部屋部屋、―つまり、自己認識の部屋にはいりこんだ爬《は》虫類にじゃまされることも少ないでしょう。繰りかえして申しますが、人がおのれを知るように努めるのは、もちろん神の大きなおあわれみです。けれども、俗にいうとおり、大は小を兼ねます。ですから、私をお信じなさい、自分の泥土《どろつち》を見つめているよりも、神のおん力をながめるほうが、はるかによく徳を実行できます。」（1霊魂の城2・8）

（注）パルミトはスペイン南部によく見られるしゅろの一種、その実は非常にあまく美味であるという。

「けれども私の考えでは、神を知るように努めないかぎり、私どもは決して自分をよく知るようにはなりません。神の偉大さをながめれば自分の卑しさがよく見えます。神の清さは自分の汚れを見せ、神の謙そんを思うとき、自分がいかにそれから遠いかがわかるでしょう。」（1霊魂の城2・9）

「私どもはいつも、この霊魂がますます主へのご奉仕と自分を知ることとに進歩するよう努めていると仮定しなければなりません。」（5霊魂の城3・1）

本当の私を知る

「おお主よ、自分がどれほど惨めな者かを悟ることができるようお助けください！　それがわからないうちは、私たちにとって、何もかも危険です。ですから人から命令されるのはよいことなのです。自分の惨めさがよくわかりますから。それで私は、ずいぶんつらい思いをして働いて、自分のいたらなさを見せつけられた一日は、長いこと念祷に過した幾日かよりも、ずっと大きな恵みであると見なしています。それに真に愛する者は、どこででも愛し、絶えず愛するお方のことを思い続けるではありませんか。引きこもって一人にならなければ、念祷ができないとすれば、なんと情けないことでしょう。私は、自分が一人で長時間引きこもることなどできないことはわかっています。けれども、おお主よ、心の底からほとばしるため息は、あなたのみ前にどんなに大きな力をもっていることでしょう。あなたはこのため息の中に、島流しの身であるばかりでなく、あなたと共にいて、あなたを楽しむことのできる時間を奪われた悲しみを、聞き取ってくださるからです。」（創立史5・16）

g. 祈りの人

キリストに従う祈りの人の徳

「さて内的なこと、つまり念祷についてお話しする前に、念祷の道を歩もうと思う人たちに必要なある種のことをお話ししておきたいと思います。それはほんとうにたいへん必要なもので、それさえあれば、たとえ非常に観想的ではなくても神へのご奉仕にはきわめて進歩していると言えるほどですし、また反対に、もしそれがなければ非常な観想家であることはできず、それにもかかわらず自分でそうだと思い込むならば、とんでもないまちがいをおかすのです。―どうか、この仕事のため主が私をお助けくださり、主のご光栄となるよう、言うべきことを教えてくださいますように。アメン。友よ、

姉妹よ、私があなたがたに、たくさんのことを注文すると思わないでくださ
い。ただ、私どもの聖なる師父がたが命令し、実行なさったことを、どうか
私どもも実行いたしますように……。この道によってかれらは「聖なる父」
という名にふさわしくなられたのです。ほかの道を自分でさがしたり、ひと
から習ったりしたら、それこそ迷ってしまいます。私はただ三つのこと、そ
れも会憲それ自身の中からとった三つのことについてだけ、いくぶん長く説
明したいと思います。主が私どもにあれほど強くお勧めになった内的外的の
平和を保つために、この三つを守るとどれほど助けになるかをわかっておく
のは、この上もなくたいせつなことですから。その一つは、私どもの相互の
愛、もう一つはすべての被造物からの離脱、もう一つは真の謙そん、これは
最後にあげましたが、いちばん主な、そして他のすべてを含む徳です。」（完
徳の道4・3−4）

決意と約束

「夫から高価な宝石をたくさんもらっておきながら、指輪一つ夫に与えな

い、それもその指輪が高価だからというのではなく―もとより妻のものはみな夫のものです―ただ、それを与えれば自分は死ぬまで夫のものであるという証拠になるから与えない、という妻があるでしょうか。……では、あの聖主は、これよりももっとひどくお扱われになるべきなのでしょうか、さしあげたごくつまらない物を取り返したりして私どもがおあざけりするとは―。私どもは、自分自身のことや、人のこと―そうしてあげても、べつに感謝もしてくれない人たちのこと―にどしどし費やしている時間のうちから、ほんのわずかの時間を主にさしあげようと決心したからには、その時間を、ほかのことを考えず、たとえどんな試練や困難や無味乾燥に出あっても、この時間を決して取りもどすまいと堅く決心して、自由な心でおささげしようではありませんか。この時間はもう自分のものではない。それで、もし全部すっかり与えようとしないならば、当然、私はそれを請求されるはずだと思いましょう。」(完徳の道23・2)

奉献の望み

「だれか主の召し上がる物をお料理する人も必要だということを考え、マルタのように主にお給仕するのを幸福とお思いなさい。ほんとうの謙そんとは、おもに、主が自分に対してしてくださることを、すみやかに喜んでお受けすること、そして、いつも自分を主の〝はしため〟と呼ばれる資格さえない者とみなすことだということをお考えなさい。観想するのも、念祷や口祷にあたるのも、病人の看護、家の中のいろいろの仕事、また、いちばん卑しい仕事に働くことさえも、すべては、私どもといっしょに暮らし、食べ、楽しむためにおいでくださるあのとうといお客さまに対するご奉仕なのです。どの務めでも、かまわないではありませんか。観想が私どもの努力しだいだと言うつもりはありません。ただ、すべてのことに最善をつくさなければならないと言うのです。これは私どもの選ぶべきことでなく、主がお選びになることです。でも、もし長い年月の後に、主がめいめいに、今までと同じ務めを続けることをお望みになるのなら、それをあなたがたのほうで選びたいというのは、おかしな謙そんではないでしょうか。この家のご主人のご自由におさせなさい。かれは賢明なかたです、力強いかたです。何があなたがたによいか、そしてまた何がご自分のためによいかも――よくご存じです。あなたがたが自分にできるかぎりのことをし、私が前にお話ししたあの完全さで観想に準備したならば、もしそれでも主が観想をくださらないとすれば（それをくださらずにはいないと私は思います。あなたがたにほんとうの離脱と謙そんがあれば）、主はこの喜びを、天国であなたがたに全部くださるためにとっておおきになるのです。前にも言ったように主はあなたがたを強い者として扱い、いと高きおん者ご自身、いつもおにないになったように、あなたがたにも地上で十字架をくださるのです。ご自分のためにお望みになったものを、あなたがたのために望んでくださる以上の、友情の印があるでしょうか。」（完徳の道17・6―7）

真の友情

「もしあなたがたがよい親類でありたければ、これがほんとうの愛です。よい友でありたければ、この道以外にそうなれないとおわかりなさい。心から真実でおありなさい。黙想がそうさせてくれるはずですから。そうすれば私どもがどのような愛を隣人に対していだかなければならないかが、はっきりおわかりになるでしょう。」（完徳の道20・4）

自分の意志を神のご意志にあわせて

「最高の完徳は、内的な喜びのうちにあるのでも、大いなる恍惚のうちにあるのでも、幻を見ることのうちにあるのでも、預言する能力のうちにあるのでもありません。最高の完徳は、自分の意志を神の意志に合わせることにあります。そこに達する人は、主のお望みになることだと悟ったなら、それを心から抱きしめ、それが苦かろうが甘かろうがぐずぐずせず、同じように嬉々として引き受ける人です。天性に反することをするのはまだしも、それを喜ぶということは、この上なく難しいように見えますし、また実際にも、それはつらいことです。けれども愛が完全になると、自分自身の満足を忘れさせるほどの力をもつもので、自分を愛してくださるお方のお気に召すことしか考えなくなります。そして本当にその通りで、主をお喜ばせできるのだと思えば、どんなにつらい仕事であっても易しく思われます。こういうわけですから、完徳の頂に達した人々は、迫害されても、辱められても、罵《ののし》られても、愛し続けます。」（創立史5・10）

自らの内に平和を確立する

「ですから、ときとして倒れても気を落としてはなりません。前に進む努力をなげうってはなりません。テリアカ（注＝解毒剤）を売る者が、その効能を示すために、まず毒を飲んでからそれを飲むのと同じように、神は、こうした失敗からさえ、善をひき出すことがおできになるのです。ほんとうに、自分がどんなにみじめなものであるか、気を散らしていることからどんなに大きな害を受けているかを示してくれるものが、ほかに何もないとしても、潜心するためのこのむずかしさだけでじゅうぶんなことでしょう。自分の家にいないこと以上に悪いことがあるでしょうか。自分の家に休めないのならば、ほかのどの家に休みを見いだす希望がありましょう？　というのは、私どもが否応《いや》なしにいつも同居しなければならないいちばん親しい真実な友、いちばん近い親類、—つまり、霊魂の諸能力—が、まるで、私どもの悪徳がかれらにしかけた戦いに報復するかのように、戦いをいどんでくるようにみえますから。平和、平和、平和！　姉妹たちよ、主のおおせられたみことばはこれです。そして主は使徒たちにたびたびこれをお繰りかえしになりました。私をお信じなさい。もし、自分の家に平和を持たず、また持つように努めないならば、他人の家にそれを見出すことはできません。この戦いを終わらせておしまいなさい。みあるじが私どものために流されたおん血によって、私はそれを、まだ、自分の内部にはいり始めない人たちにお願いいたします。すでにはいり始めた人たちは、落胆してあともどりをしてはなりません。初めてころぶときより二度目はさらに悪いと知らなければなりません。それが自分を滅びに導くであろうということをもう認めているのですから、全然おのれにたよらず、神のおん憐みに信頼すべきです。そうすれば、主がどのように住居から住居へと導いて、もはやあの猛獣たちが襲うことも悩ますこともできない所に入れてくださるかを見るでしょう。そして、これらの猛獣をすべて征服し、あざ笑い、この世のときからさえ、自分の望みうるよりはるか

に越えた宝をたのしむでしょう。」（2霊魂の城1・9）

隣人愛の実践

「自分の念祷がなんであるかを調べるのに余念なく、念祷のときは、もう祈りにもぐりこんで、自分が感じる敬虔の情や味わいをほんの少しでも失うまいと、身動きもあえてせず、考えを外《そ》らせることさえできずにいる人たちを見ると、私は、こんなことに万事があると思うこの人たちは、一致への道をなんと知らないのだろう思ってしまいます。いいえ、姉妹たちよ、違います。主は業《わざ》をお望みになるのです。たとえば、もしいくらかでもあなたにいたわってあげることのできる病人を見たならば、敬虔の情を失うことなど少しもかまわずにその病人に同情しておあげなさい。もしその人が悲しんでいるのならば、あなたもお悲しみなさい。またもし必要ならば、あなたの食物を食べさせてあげるために、あなたは断食なさい。それも、その人のためというよりは、主がそれをお望みになると知っているからこそ、そうするのでおありなさい。これがみ旨とのほんとうの一致です。またもし、だれかが賞めあげられるのを聞いたならば、自分自身が賞められるのよりもずっとおよろこびなさい。じっさい、謙そんさえあればこれはほんとうにやさしいのです。その場合、人から賞められるのはかえってつらいものですから。姉妹がたの徳が公けに現われるのを喜ぶのは、りっぱなことです。そしてだれかのうちにあやまちを見たならば、それを自分自身のあやまちのように悲しみ、人に隠してあげるように努めなければなりません。」（5霊魂の城3・11）

常に愛を原点として行動する

「愛する姉妹たちよ、結論として、土台なしに塔を建てないようにしましょう。主は仕事のりっぱさのほうは、その仕事を果たすに当たっての愛ほどには、ごらんになりません。私どもが自分にできることをすれば、いと高き神は、毎日ますます多くのことができる者としてくださるでしょう。すぐに疲れてはなりません。この短い—たぶん私どもめいめいが考えているより、もっとずっと短い—この一生の間じゅう、できるかぎりの内的外的の犠牲を主におささげしましょう。みあるじはそれを、ご自分が十字架上で私どものためにおん父におささげになった犠牲と合わせ、たとえ、わざそのものはほんとうに小さくても、私どもの愛がかち得た価をつけてくださるでしょう。」(7霊魂の城4・15)

5. テレサの祈り

これまで見てきたように、聖テレサは祈りの人であったばかりでなく、その人生において絶えず神の現存を意識して生きていました。そして次々と湧き出る祈りを書き留めました。彼女の著書を通して、祈り方や神に向かうとてもパーソナルで豊かな姿勢に出会います。

彼女の書物からテレサが決して理論づけることの無かった一連の祈りを抜粋します。そこでは、テレサがうちとけて、親しく、信頼をもって彼女の神と接している場面に出会います。これらの祈りをいくつかのテーマ別に分け、指標となる見出しを付けてみました。

これによって一方ではテレサの祈りの様式を体験的に発見するために、もう一方では読者がテレサに感情移入するように努め、これらの祈りを自分のものとして捉えるのに役立つでしょう。

a．神の愛の認識

神を探し求める

「魂よ　おまえは私のなかに　おまえを探さなければならない
そして　私はおまえのなかに　私を探す

魂よ　愛は　私のなかに
おまえの像を　描くことができる
どんな画家も
このような像を　こんなに完全に
描くことができないほどに

おまえは　愛によって　つくられた
輝くばかり　美しく

そして　ありのままに　私の内奥に描かれている
もし　自分を見失ったら　私の愛する魂よ
おまえは　私のなかに　おまえを探さなければならない

なぜなら　かくも生き生きと
描かれた　私の胸のなかに
おまえは　みずからを見いだし
みずからを見て　よろこぶことだろう
自分が　かくもよく描かれていることを

万が一　私がどこにいるかを
おまえが知らないなら
あちら　こちらと　歩きまわるな
私をみつけたいなら
私を　おまえのなかに探さねばならない

なぜなら　おまえは　私の部屋
私の家　私のすまい
だから　おまえに思いをはせるときには
いつでも　戸を閉じて
おまえを　呼ぶ

おまえの外に　私を探しても　むだ
私をみいだすには
私を呼ぶだけで　たりるのだ
私は　すぐに　おまえのところに行くから
おまえは　私のなかにおまえを　探さねばならない」（詩集8）

主よ　あなたを知るように私たちを導いてください

「おお主よ、おお私の真の神よ！　あなたを知らない人はあなたを愛しません。ああ、これはなんと大きな真理でしょう！　けれども主よ、あなたを知ろうとしない人々にとって、なんという不幸でしょう！　なんという不幸でしょう！　死の時は、なんと恐ろしい時でしょう！　ああ！　ああ！　私の創り主よ、あなたの正義が行われるべき日は、なんと恐ろしいことでしょう！　おお私のキリストよ、あなたを愛する者、そしてあなたが愛をもって眺めようとなさる者に、どれほどやさしさと愉悦に充ちた御まなざしを向けられるかを、私はたびたび考えます。あなたがご自分のものとみなされる霊魂たちにそそがれるこのように甘美な御まなざしのただ一つだけでも、長い年月のかれらの奉仕を報いてあまりあるように思われます。おお神よ！　主がどれほど甘美にましますかを悟った人々にでなければ、この真理をわからせることはなんと難しいことでしょう！」（神への叫び14・1）

私の不忠実にもかかわらず

「ああ、わが至高の宝よ、わが魂のこよなきいこいよ、あなたが、その時まで私の魂を、満たしてくださったお恵みで充分ではなかったのでしょうか？ 事実あなたの憐れみ深い全能のみ手は、あなたの奉仕に絶えず進歩するために模範とすることのできる、多くの忠実な婢女らのいるこの隠れ家、このように確実な身分に、これほど多くの回り道をしながら私をお導きになったのでした！ 私は自分の誓願のときのこと、あの大きな勇気、私の経験した、あのように深い幸福、そして遂に私があなたと結んだ婚約をおもいだしますと、どうして私の物語を続けてよいかわかりません。私は涙なしにそれを語ることができません。それに流すべきは血の涙です。私の心は、悲痛に砕かれるはずで、私がその時以来犯したあのように多くの罪を泣くにはそれでもなお、あまりにもわずかなことでありましょう。いまとなって見ますと、私がこのように高い身分にあこがれようとしなかったのは、もっともだったようにおもわれます、わたしはそれをこんなにも悪用することになるのですから。しかし、ああわが主よ、あなたは、二十年近く、私がこのお恵みを悪用いたしました間、私をより良い者となすために、御自らは侮られる者となることを望まれました。ああ、わが神よ、私はまるで、あなたにしたすべての約束を裏切るという誓い以外の誓いを立てなかったかのようではございませんか？　その時の私の意図はそうではありませんでした。けれでも、その時以後の私のわざがどういうものであったかを見ますと、ほんとうに、私はどんな意図をいだいていたのか分からなくなってしまいます。

ああわが天配よ、ともかく、それは、あなたがいかなる御者にましまし、私がいかなる者であるかを、よりよくしめしております。私は自分の大きな数々の不忠実さを公開して苦しく感じます。しかし、この苦しみはそれらがあなたの数知れぬ御憐れみをいっそう目立たせるであろうという思いに、私のおぼえる喜びによって、たびたび和らげられることは確かでございます。」

（自叙伝４・３）

神の無条件の愛

「おお私の神、しんぼう強くあなたの聖旨《みむね》を果たそうとする人々のために、あなたが準備なさった光栄を考え、あなたの御子が、どれほどの苦しみ、悩みの代価を払って、それを私たちのためにかちえてくださったかを見、また私たちが、どれほど自分を、それにふさわしくない者としてしまったかをも思い見ますと、愛することを私たちに教えるため、これほど多くのぎせいを払ったこんなにも大きな愛を、忘恩で支払うということがどれほど不正であるかがわかり、私の霊魂は深い悲しみに沈みます。これほどのご恩をみな忘れる、しかも、あなたに背くほど忘れてしまうことが、どうして人間にできるのでしょう？　おお私の贖い主よ！　人間が自分自身の利益をこれほどまで忘れてしまうことが、どうしてできるのでしょう？　こんな時でもまだ、私たちのことを思いだしてくださるとは、あなたのご仁慈は何と大きいのでしょう！　私たちが倒れたのは、致命的な一撃であなたを傷つけようとしたからでした。それなのにあなたは私たちの悪意を忘れ、あらためてまた御手を私たちにさしのべ、この不治の熱病から私たちを目覚ませ、私たちが自分の治癒を求め、あなたにそれをお願いするようにしてくださいます。このような主は祝せられますように！　このように大きな憐れみは祝されますように！　これほどのやさしさに充ちた思いやりは、永遠に賛美されますように！」（神への叫び3・1）

こんなにもたくさんのあなたの愛の印のうちに

「神が、これほどのお恵みを私に賜い、神にお仕えするよう私を励ます多くの徳で私の魂を飾りはじめたそのあとで……あれほど死の近くまで行き、地獄に落ちるあのように大きな危険に身をさらした自分を見たあとで……、霊肉ともによみがえらせられ、人々は皆、私がまだ生きているのを見て驚嘆したそのあとで……、私がこんなにも早く倒れるはずだなどとだれが言い得たでしょうか！　私どもはこんなにも危険な生活のうちに生きていなければならないのでしょうか！

これを書いております時、私は、あなたのお恵み、御憐れみに助けられて聖パウロのように―もっとも彼ほどの完全さにおいてではないでしょうが―『生きているのはもはや私ではなく、私のうちに生きているのは、おお、わが造り主よ、あなたです。』と言うことができるように思います。と申しますのは、ここ数年来、私の悟りうるかぎりでは、あなたはみ手もて私をあまりにも力づよくお支えくださいますから！

私はたとえどんな小さいことであっても、あなたのみ旨にそむくことは何もなすまいとの望みや決心を自分のうちに認めます。それは、この数年来、多くの場合に臨んで、経験が私に示したことです。もっとも、私の気づかぬうちに、あなたのみ心にそむく多くのことが、そこにすべりこんでいるには違いありませんが……けれどともかく、あなたの愛のためには、どんなことでも果たす堅い決心があるように思います。そして事実あなたは、いくつかの事業を成功させるために私を助けてくださいました。私は、世間も、また世間に関する何ものも好みません。あなたを他《よそ》にして、何ものも私の心を満たすことはできないように思います。そして他のことはみな、重い十字架のように見えます。」（自叙伝6・9）

神から離れることへの恐れ

「私は間違っているかもしれません。私はこういう心がまえを持っていないかもしれません。けれども、ああわが主よ、あなたもごらんになるとおり私の悟りうるかぎりでは、私は虚偽を申しておりません。当然のことながら、私はあなたがまた私をお捨てになりはしないかと恐れ、おののいています。

なぜなら、もしもあなたが御自ら、絶えず私を支え、私があなたを捨てないように私を助け給わぬなら、私の力や私のわずかな徳がどこに私を導くことが出来るかをよく知っておりますから。どうか、ただ今お話ししたこういう心がまえをすべて所有していると想像している、まさにこの時にさえも、あなたに捨てられることがありませんように！

私には、なぜ私たちがこの地上に生きていたいと望むのかわかりません。地上ではすべてが、こんなにも不確実なのですから！　ああわが主よ、あなたはあれほどすっかり捨ててしまうのはもう不可能のように思われました。けれども、これほどたびたび不忠実であった私は震《ふる》えずにはおられません。あなたが、ちょっとでも私から遠ざかれるや否や、ただちに私はふたたび地に倒れたのですから。主は永遠に祝せられ給え！　私がいくらあなたをお捨てしても、あなたは私をすっかりお捨てにはなりませんでした。否むしろ、あなたはいつもみ手を差しのべて私がふたたび起《た》ち上がるように助けてくださいました！　それですのに、主よ、私は、これからお話しするように、たびたびこのみ手をおしのけ、繰り返し繰り返しなされた、あなたの呼び声に

耳を傾けることさえ欲《のぞ》みませんでした。」(自叙伝6・9)

あなたの愛に驚嘆して

「おおわが主よ、おおわが王よ、あなたの備え給う御威光をいま、現すことができましたら! あなたが最高の君主にましますのは御自らによることを、認めぬことは不可能です。このような御威光を見て、恐れずにはいられません。このような御威光と同時に、私のような者に対してお示しになる、あなたの謙遜や愛を見ますと、ますます恐ろしくなります。あなたのご威光を見る驚きと恐れの最初の感情が過ぎ去りますと、人は自分に関することをなんでも自由に、あなたにお話しすることができますが、それと同時にあなたにそむくことを恐れる心はいっそう強く残ります。この恐れは、おお主よ、罰の恐怖からきてはいません。そんな恐怖は、あなたを失う恐れに比べてはなんでもありません。」(自叙伝37・6)

あなたの愛を認識して

「おお私の主よ、あなたが賜るすべてのよいものを、私たちはなんとわずかしか利用しないのでしょう！　主は、あらゆる工夫をめぐらし、あらゆる手段、方法を講じて、私たちに対する愛をお示しになります。けれども、あなたをお愛しすることに余り慣れていない私たちは、それを重んじません。愛の修練の初心者である私たちは、いつも散っているところに心を散らし、聖霊を通して言われたこのみことばの中に隠されている偉大な秘義を黙想しようとはいたしません。私たちの心を主の愛に燃え立たせるには、主ご自身がこの様式を使って語られたのであり、それは理由のないことではないと思うだけでは足りないのでしょうか。」（神愛考１・４）

奉仕における神への愛

「おお私の主よ、霊魂があなたから遠く離れて生きる苦しみに耐えるために、なにか助けになることがあるとすれば、それは孤独だと私はたびたび考えます。なぜなら孤独において霊魂は、自分の憩いである御者とともに憩いますから。しかし霊魂は全き自由をもってこれをたのしめないので、苦しみはきわめてたびたび倍加します。しかし、この苦しみも、被造物と交渉し、創造主とただふたりきりで語り合うのをやめる苦しみに比べれば甘味に思えます。しかし、それはなにを意味するのでしょう、おお、私の神よ、あなたをお喜ばせすることしか望まない霊魂を、どうして憩いが疲れさせるのでしょう？　おお、神の力強い愛よ、あなたの効果は、この世の愛の効果となんと違うのでしょう！　この世の愛は伴侶を欲しません、自分が所有している宝を他の人に奪われるように思いますから。私の神の愛はそうではありません。神の愛は、神を愛する人が多いことがわかればわかるほど、燃えあがります。そのため、すべての霊魂が、この宝の甘美さを味わわないのを見る時、かれの喜びは減ります。おお私の宝よ、それゆえにこそ、霊魂は、あなたのうちにあらあらゆる甘美と満足を見出しながらも、こういう喜びを望まない人々、また永遠にこれを奪われてしまう人々の数多いのを思って悲しむのです！　その時霊魂は、あなたに友人をかち得てさしあげる手段を探します。そして自分がたのしんでいる幸福を他の人にも求めさせるため何かすることができ

ると信じる時、よろこんで自分の静けさを犠牲にします。」（神への叫び2・1）

祈ることは愛すること

「私に対して持っておられる愛が　神よ
私があなたに対して持っている愛のようだったら
言ってください　何を私は　ぐずぐずしているのか？
あなたは　何を手間《てま》どっておられるのか？
『魂よ　何を私に願っているのか？』
『わが神よ　あなたを見ることだけを』
『おまえにとって一番恐ろしいことは何か？』
『私が一番恐れることは　あなたを失うこと』
神のうちに隠《かく》れた魂は
愛し　愛して
愛に燃え立ち
また　さらに　愛しはじめる以外に

何を望み得ようか？
私はねがう、神よ　愛が私を占めつくし
私の魂が　あなたを　わがものとすることを
一番ふさわしい場に
甘味な巣を　つくるために……」（詩集4）

神を愛するものはしあわせ

「さいわいなことよ　愛する心
神にのみ　その思いを止《と》め
神ゆえに　いっさいの　つくられたものを断ち
神のうちにのみ　己が栄光と充足《じゅうそく》を見出す心
その心は　みずからへの配慮さえなしに生きる
そのすべての心づかいは　神のうちにあるから
こうして　心軽《こころかろ》やかに　大いに楽しく
この嵐の海の　大波を超えてゆく」（詩集5）

b．信頼のうちに祈る

神のみで足る

「何事も　おまえを　わずらわすな
何事も　おまえを　おそれさせるな
すべては　過ぎ去る
神は　変わらない
忍耐は
すべてを　かち取る
神を有するものには
足りないものが　何もない
神のみで　足りている」（詩集9）

わたしは神において全てが満ち足りる

「おおわが神よ、私の魂が悟っているとおりに、あなたのみわざを称揚するために充分な才能と知識と新しい言葉とをだれが持っているでしょう。おおわが神よ、それらはみな私には欠けております。けれども、少なくともあなたが私をお捨てにならなければ、私は決してあなたをお捨てしないでしょう。すべての学者は私に反対して立ち、すべての被造物は私を迫害し、すべての悪魔が私をさいなみますように。けれども主よ、あなたは私をお捨てになりません。いまこそ私はあなたにのみ信頼を置く者がどれほどの利益をうるかを自分の経験によって知っています。」（自叙伝25・17）

あなたは私の生きがい

「おお生命《いのち》よ！　生命《いのち》よ！　おまえの「生命《いのち》」から遠く離れて、どうして耐えられるのか？　このように深い孤独の中で、なににかかわっているのか？　なにをしているのか？　おまえのすべてのわざは不完全で、欠陥だらけであるというのに。嵐に吹きまくられた海のさ中で、おお、私の魂よ、なにがおまえの慰めとなりうるのか？　私は自分について嘆く、そして嘆かずに生きていた時のことを考えると、いっそう嘆かわしく思う。おお、主よ、あなたの道はなんと甘美にみちていることでしょう！　しかしだれがおそれずにあえてそこを歩けましょう？　私はあなたに仕えずに生きることをおそれます、そして、あなたに仕えようと努める時、私は自分を満足させうるようなもの、あなたに対する負目のいくらかでも支払えるようなものは何も見出しません。私には自分があなたに光栄あらしめるために、あますところなく身をささげたいと欲《のぞ》んでいるように思えます。しかし自分のみじめさをよく眺める時、あなたがさせてくださらないかぎり、私にはなにもよいことができないのがわかります。」（神への叫び1・1）

あなたが出来ることをしなさい

「おおわが主よ、あなたはあなたのお力を示すことをなんとよくご存じなのでしょう！　あなたが欲し給うことの理由を探す必要はありません。なぜなら理性のすべての光を越えて、あなたは万事が可能であることをお示しになります。そしてそれによって、あなたは、いっさいを私どもにとって容易なものとなし給うためには、おお、わが主よ、ただあなたを真心からお愛しし、あなたのためにいっさいを真実に捨てさえすればよいということを悟らせてくださいます。『あなたはあなたの掟をむずかしいものと見せかけ給う』というのはちょうどこの場合に当てはまります。なぜなら、主よ、私にはこの困難が見当たりませんし、またどうして『あなたに至る道が狭い』のかもわかりません。それは、王的の道であって小道ではないことがわかります。雄々しくそこに踏み入る時、いっそう安全に歩みます。危険な山道や岩などからは遠い、つまり危険な機会から遠ざかっています。私が小道、みすぼらしい小道、あるいは狭い道と呼ぶのは、いっぽうは人が落ちこむかも知れない深い谷、他方は崖であるような道のことです。ちょっとでも油断をすると、人は崖の底まで転げ落ち、からだはこなごなになってしまいます。」（自叙伝35・13）

神の力への信頼

「おお、主よ、私はあなたの偉大な力を公言します。あなたが事実そうであられるように全能であられるなら、すべてをなし得る御者に不可能なことがあるでしょうか？　欲したまえ、おお、私の主よ、欲したまえ、みじめな者ながらも、私は、あなたが欲したもうことはすべておできになるとかたく信じております。あなたについて耳にする驚くべきことが偉大であればあるほど、あなたはそれよりももっとすばらしいことをなされるのだと考えます。その結果、私の信仰は強まり、あなたは私の願うことをなさるでしょうと、ますますかたく信じます。でもなぜ私は全能者のなさることに驚くでしょうか？　おお、私の神よ、あらゆるみじめさにもかかわらず、私が、あなたの力、憐みの偉大さを認めるのをやめたことは決してなかったのを、あなたはよくご存じです。おお、主よ、これについて私はあなたにそむいたことはありませんでした。そしてどうか、私の神よ、いまのため、また未来のためにお恵みを与えて、私の失った時間を取り戻させてください。私が婚礼の服を着けて、あなたのまえに出ることができますように。あなたはお欲《のぞ》みになればば、おできになるのですから。」（神への叫び４・２）

主が示された道

「あなたを真実に愛する者は、おお、わが宝よ、あらゆる危険から遠い、王的大道を安全に進みます。霊魂がちょっとでもよろめくが早いか、おお、主よ、あなたは霊魂にみ手を差しのべられます。霊魂は一度ならず幾度も倒れることもありましょうが、もしもあなたを愛し、世間のすべての物から離脱しているなら、身を滅ぼすことはないでしょう、なぜなら彼は謙遜の谷を歩んでいますから。私は完徳の道にはいることを恐れている人々は、いったい何をこわがっているのか理解に苦しみます。どうか主が、その御憐れみによって、私どもに、世間の人々の跡について行くというような、これほど見えすいた危険のなかで、安心しているなどとは、どれほど間違っているかを悟らせてくださいますように！　そして真の安全は神の道にますます進んでいくことにあることをもわからせてくださいますように！　神をみつめていましょう。私どものほうから先に神を見捨てぬかぎり、正義の太陽が身を隠して、私たちが滅びの闇路《やみじ》を歩むにまかせておおきになる心配はありません。」（自叙伝35・14）

神の救いを信じて

「この神の生命の書に、自分の名が記されている人々は幸いである。おお、私の魂よ、もしもおまえの名がそこにあるなら、なぜ悲しむのか、なぜ私を乱すのか？　神に希望せよ（詩編41・12）。今もなお、私は神に私の罪を告白し、主の憐れみを公言したい。そこで、私は賛美の歌を作ろう。そして私の救い主、私の神に向かって嘆息することを決してやめまい。私の光栄が主を歌う日がたぶん来るだろう。（詩編29・13）そのとき私の良心は、もはや痛恨の悲しみを感じることはなく、全ての涙、すべてのおそれは永久にやんでしまうであろう。それゆえ私は、いつかなくなってしまうあらゆる被造物、あらゆる財宝を所有するよりも、永遠の生命を求め、希望しつつ生き、かつ死にたい。主よ、私をお見捨てにならないでください。なぜなら、私はあなたに希望をおいておりますから。私の希望は恥を受けることがありませんように！（詩編30・1）私がいつもあなたにお仕えしますように。そして、どうか、思召しのままに私をおあしらいください！」（神への叫び17・6）

神の美しさの前に

「おお　すべての美を
超える美よ！
あなたは　傷つけることなく　痛みを与え
痛ませることなく　取り除かれる
つくられたものへの　愛を

あまりにも相へだてる　二つのものを
かくも一つに　する結びよ
なぜ　ほどかれるのか　私は知らない
結ばれていれば　苦しみを　よいものと
思う力を与えられるのに……
みずから存在しないものを
終わりなき存在と結び
終わらせることなく　終わらせ

愛さずともすむものを、愛して
私たちの虚無を　偉大なものとされる」（詩集6）

c．祈願

願うことを教えてください

「あなたは『労苦して重荷を負う者はみな私に来るがよい。私はあなたがたを慰めよう』（マタイ11・28）とおっしゃいます。主よ、私たちはこれいじょうなにが望めましょう？　なにを願うでしょう？　なにを探すでしょう？なぜ世間の奴隷たちは滅びるのでしょう？　休息を探すからではないでしょうか？　ああ！　ああ！　主よ、これはなんということでしょう！　なんと情けないことでしょう！　決して見出しえないところに幸福を探すとは、なんとひどい盲目でしょう！　おお、創造主よあなたの被造物をお憐れみください！　私たちは自分自身がわからないのだということをお考えください。私たちは、自分の望むことを知りません。そして自分が願うものを見出すに至らないのです。おお、主よ、あなたの光をお与えください。生まれつきの盲人より、私たちにもっとそれが必要だということをお考えください。盲人は光を見たいと欲《のぞ》みましたができませんでした（ヨハネ9・1）。そして主よ、今人々は見たくないのです。これいじょう不治の病気があるでしょうか？ここにこそ、あなたの力が顕れるべきです、ここにこそ、あなたの憐れみをお顕わしになるべきです。」（神への叫び8・2）

進んで真の祈りができますように

「ああわが神のかぎりない御慈しみよ！　私は、確かに、このようにあなたを見、また自分を見ているように思えます。おお天使らの楽しみよ！　私は、こうして、あなたに対する愛にまったく焼きつくされとうございます。おおあなたは、あなたとともにいることに難儀する者が、尊前《みまえ》にとどまることを、がまんなさるというのはほんとうです！　おおわが神よ、あなたは彼にとってなんとよい友でいらっしゃるのでしょう。どれほどのお恵みを彼に惜しげなく与えられるのでしょう！　彼をがまんなさるためになんと忍耐深くいらっしゃるのでしょう。あなたは、彼の身分をがまんなさるほどのご寛容をお示しになりながら、彼が、あなたのご身分に自分を合わせることをお待ちになります。おおわが神よ、あなたは、彼があなたを愛するためにささげるわずかの時間を斟酌《しんしゃく》なさいます。そして彼の痛悔の最初のほのめきに、あなたに対する罪をお忘れになります。これが、私自ら、明らかに見たことですので、なぜ、すべての人がきわめて親密な友情によって、あなたに近づこうとしないかが私にはわかりません。あなたとは全然身分のちがう悪者《わるもの》を、あなたはよい者になさいます。彼らは、たとえ、彼らの精神が、かつての私のそれのように、あなたから遠く運び去られ、さまざまの心配や、世間的な考えにかき乱されていようとも、たった二時間、あなたが私のそばにおとどまりになることを、がまんしさえすればよいのです。このようによい伴侶ととどまるためにした努力の報償として、あなたは、初めのうち、また時としてはあとになっても、私どもがそれ以上のことができないのを斟酌してくださいます。そしてその時、おお主よ、あなたは悪魔が、私どもを攻撃するのを妨げ、彼らの私どもに対する支配権を毎日減らし、そして私どもに、彼らに打ちかつ力を賜います。いいえ、すべての生命の生命よ、あなたは、あなたに信頼し、あなたをおのが友とする者のひとりにも死をお与えになりません。かえって、あなたは霊魂に生命を与え、また肉体に新たな健康を与えて、その生命をお支えになります。」（自叙伝8・6）

主に仕えるために祈る

「おお主よ、あなたの憐れみによって、あなたをたのしむ恵みが与えられるなら、そのとき充たされる喜びを思って、私の霊魂は憩いを見出すように思います。しかし私はまず、あなたに仕えたいのです、それというのも、私の霊魂がたのしむはずの幸福は、あなたが私自身に仕えることによってかち得てくださった幸福ですから。どうしたらよいでしょう、私の主よ？　どうしたらよいでしょう、私の神よ？　おお私の望が燃えあがるのはなんと遅かったことでしょう！　そしてあなたはなんと早くから私をあなたに導き、私があますところなくすっかりあなた自身に身をささげるように、なんと早くから私を呼んでくださったことでしょう！　おお主よ、あなたは、かりそめにも、みじめな者をお捨てになるでしょうか？　あなたに近づこうとするあわれな乞食をお遠ざけになるようなことがありましょうか？　かりそめにも、おお、主よ、あなたの偉大さ、あなたのみわざのすばらしさに限度があるというようなことがありうるでしょうか？　おお、私の神、私の憐れみ、今日あなたのはしためのうちに、あなたの愛の宝を顕《あらわ》すことは、あなたにとって、なんとたやすいことでしょう！　あなたは全能です、おお、偉大な神！　私の霊魂が自分の失った時間を眺め、そして、おお、主よ、あなたが一瞬間でそれをとり戻させることがおできになると言うとき、自分の言っていることがよくわかっているかどうかを、いまお示しください。でも私は道理に合わぬことを言っているようです、失った時間はもうとり戻せないといわれていますから！　私の神は祝せられたまえ！」（神への叫び4・1）

キリスト者たちのための祈り

「おお、キリスト者たちよ、今こそ、あなたがたの王を防御し、こんなにも深い孤独のなかにおられるかれのおそばにとどまるべき時です。かれに忠実にとどまる家来はなんと少なく、多くのものはルチフェロについてゆきます。いちばん悪いこと、それは、公にはかれの友と見せかけ、ひそかにかれを売る者たちがいることです。かれが信用なされる人はひとりもいません！

おお真の友よ、あなたを裏切る者は、なんと悪い支払いをあなたにするのでしょう！　おお真のキリスト者たちよ！　あなたがたの神とともに泣きに来るがよい！　かれが同情の熱い涙を流されたのは、ラザロの上にだけではない、主がくり返し叫ばれても、よみがえることを欲しない人々に対してでもあったのだ。おお、私の宝よ、あなたは、その時、私があなたに対しておかしたあやまちを御目のまえにしておられました！　どうか、もう私の罪はこれで終わりでありますように、おお、主よ、これでもうほんとうに終わりでありますように、そして他のすべての人の罪も。これらの死人たちをよみがえらせてください。主よ、あなたのみ声がじゅうぶん力強く、かれらが願わないにもかかわらず、かれらに生命を与え、こうして、かれらがその誤った楽しみの深みから出ることができますように。」（神への叫び10・2）

救いのために

「ああ主よ、あなたは私を救おうと決意されたように思われますし（どうぞそれが主のみ心でありますように！）あらゆるお恵みで私をお満たしくださいました。それですのに、主が、このように絶え間なく住み給うべき一つの住居が、これほど汚れを受けないほうがよいと、なぜお思いくださらなかったのでしょうか？　それは私自身の益のためではなく、あなたにささぐべき尊敬のためでございます。ああ、わが神よ、こう申すだけでも私は恥ずかしゅうございます。なぜなら、あやまちはみな私からきていることを知っておりますから。そして、この年ごろから、すでに私がまったくあなたのものでありうるために、あなたはこれ以上何を私のためにすることがおできになったでしょうか。」（自叙伝1・7）

人々の回心のために

「おお、主よ、私の神よ！　私は、この真理がわからなかったときのことを思って泣いています。しかし、おお、私の神、この真理をわかろうとしない多くの愚者たちを見るとき、どれほどの悲しみをおぼえるかを、あなたはご存じです。どうかいま、あなたの光で、少なくともひとつの霊魂、そうです、他の多くの人々を照らすことができるようなひとつの霊魂を照らしてください。私は自分の名によって、願っているのではありません。主よ、私はそれに価しません。でも私はあなたの御子のご功徳によってお願いいたします。主よ、かれの御傷をごらんください。かれはご自分を傷つけた人々さえもお赦しになりました。あなたもどうか私たちをお赦しください。」(神への叫び11・3)

神を愛さない人々のために

「おお真《まこと》の神よ、私の神よ、あなたを愛さない人々をお愛しくださるように、あなたを呼ばない人々に開《あ》けてくださるように、病気であることをたのしみ、病気を求めている人々に健康を返してやってくださるようにとお願いする時、私はなんと高い恵みを願っているのでしょう！　おお私の神よ、あなたは罪びとを探しに来たのだとおっしゃるのです(マタイ9・13)。それなら、かれらはここにいます。おお、主よ、ほんとうの罪人とはこういう人々です。おお、私の神よ、私たちの盲目をごらんにならないで、むしろ私たちのために、あなたの御子が惜しげもなく流された御血をごらんください。こんなにもひどい悪意のただなかに、あなたの憐れみを輝かせてください。主よ、私たちが、あなたのみ手のわざであることを決してお忘れになりませんように。私たちの上に、あなたの慈しみと憐れみとを注いでください。」（神への叫び8・3）。

イエスの栄誉のために

「私の創り主よ、あなたは恩知らずではいらっしゃいませんゆえ、彼女たちのお願いをかなえてくださらないはずがあろうとは、私には思えません。それに主よ、あなたは地上においでになりましたとき、少しも女性をおきらいにならず、かえって、いつも大きな同情をもって助けてくださいました。私どもが、名誉、年金、財産、あるいは、なんでも世間のにおいのするものをお願いするときには、どうぞ、私どものお願いに耳をお傾けにならないでください。けれども、私どもがおん子のご名誉のためにお祈りするときは、おお永遠のおん父よ、あなたのためには千の名誉、千の命もよろこんで犠牲にする者の祈りをなぜお聞き入れにならないのでございますか。〔主よお聞き入れください〕もちろん、私どものゆえにではなく…。私どもは聞いていただく資格がありません。ただ、おん子のおん血とご功徳のゆえにお聞き入れください。」（完徳の道3・7）

イエスのみ名において祈る

「ああ神のおん子よ、私の主よ！　なぜ最初のおことばから一気にこれほど多くをくださるのでございますか。すでにあなたは私どもの願うことをいっしょに願ってくださるほど、また卑しくみじめなものの兄弟となってくださるほど、極端なまでにへりくだっておられます。それをまたなぜ、およそ与えうるかぎりの物をあなたのおん父のみ名において私どもにお与えくださるのでしょうか。というのは、あなたはおん父がわたしどもをご自分の子どもとお認めになることを望んでおられますし、あなたのおことばは実現せずにはおりませんから（マタイ24・35）…。あなたはこのおことばの実現をおん父に強制していられるのです。それはおん父にとって小さなご負担ではありません。父である以上は、私どもの罪がたとえどれほど重くてもがまんしてくれなければなりません。私どもが放蕩むすこのように立ちもどるときには、ゆるしてくださらなければならず（ルカ15・20）、試練のときは慰めてくださるべきです。そしてこのようなよい父がなすべきように私どもを養ってくださらなければなりません。おん父においては、あらゆる善が完全な程度以外ではありえない以上、どうしても地上のあらゆる父親以上によい父であらずにはいらっしゃれないでしょうから。そしてそうしたすべての上にまだ、私どもをあなたとともにその富の参与者、相続者としてくださらなければなりません。」（完徳の道27・2）

おん父の栄誉のために

「どうぞお考えください、私の主よ。あなたが私どもに対してお抱きになる愛とあなたのご謙そんとにかかっては、何もあなたにとって妨げとなりえません。（でも、とにかく主よ、あなたは地上にお住みになりましたし、私どもの本性をとって地上に肉体をおまといになりましたから、あなたが私どもの利益をお考えになるのは、いくぶんかはごもっともと思います。）けれども、あなたのおん父は天においでになる、ということをお考えください。それはあなたご自身がおおせられたことです。では、おん父のご名誉をあなたがお考えになるのは当然です。私どものためにあなたが屈辱におん身をさし出されましたからには、おん父は自由にさせておいてあげてください。私のような極悪人《ごくあくにん》のため、あまりにも多くのことをおん父に強制なさってはいけません。私はひどい忘恩でお報いいたしますでしょう。

ああよきイエズス！　あなたがおん父と一つであられ（ヨハネ10・30）、あなたのご意志はおん父のそれ、おん父のご意志はあなたのそれということを、あなたはなんとはっきりお示しになったのでしょう！　これはなんと明らかな宣言でしょう、私の主よ！　あなたの私どもに対する愛は、まあなんというものなのでしょうか！　あなたは悪魔に対しては慎重にふるまって、ご自分が神のおん子ということを隠しぬいておられましたのに、私どもの善益をお望みになるあまり、あらゆる妨げを押しきって、この最大のお恵みをお与えくださいました。主よ、あなた以外のだれが、このようなことをなしえたでしょう。あなたのこのおことばで、なぜ悪魔が、あなたが何ものであられるかを一つの疑いもなしに悟らなかったのか、私にはわかりません。少なくとも私は―私のイエズスよ、あなたが最愛の子どもとして、ご自分と私どものためにお語りになったことがよくわかります。そして、あなたはいと力あるおかたでいらっしゃいますから、あなたが地上でおっしゃることは天で実現するということも―。私の主よ、あまりにも与えることがお好きで、どんな妨げもそれをおとめできないあなたは、とこしえに祝されますように。」(完徳の道27・3―4)

三位一体への祈り

「おお、私の魂よ、どれほどの大きな喜び、大きな愛をもって、御父は御子を知り、御子は御父を知られるか、またどれほどの燃えさかる熱をもって、聖霊はかれらに一致されるかを眺めよ。またどのようにして、これら三つのペルソナのうちの一つも、この愛と知から離れることがおできにならないかを見よ、なぜなら、かれらはただの一つのものにましますから。これら三つのペルソナは互いに知り合い、互いに愛し合い、相互に楽しみの源であられる。それなら、どうして私の愛などお要《い》りになるのだろう？　おお私の神よ、なぜ私の愛をお望みになるのですか？　それでどんな得《とく》をなさるのですか？　おお、あなたは祝せられますように！　主よ、すべての被造物はあなたを終わりなく讃美しますように、あなたには終わりというものがあり得ないのですから。」（神への叫び7・2）。

み旨のままに行われますように

「ああ私の主よ、あなたがご自分のみ旨の成就を私のように悪い者の意志ひとつにお任せにならなかったのは、私にとってなんという大きな慰めでございましょう！　このゆえにあなたはいつも祝せられますように。すべてのものがあなたをたたえ、あなたのみ名はとこしえに光栄を歌われますように！　もしあなたのみ旨の成就するか否かが私の手中にありましたなら、主よ、私はまあさぞみじめなことでしょう。今私は進んで自分の意志を―まだ我欲からすっかり自由になりきっていない意志ではありますが――あなたにおささげいたします。自分の意志をまったくあなたのみ旨にお任せしてしまうと、どれほど得をするかをもう長い経験で知っておりますから。」（完徳の道32・4）

神のみ旨に添って生きる

「おお、私の神、私の無限の英知よ！　天使と人間との知恵をはるかに越える限りない知恵よ！　おお、私が自分を愛しうるよりも、また理解しうるよりも、もっと私を愛する愛よ！　なぜ私は、あなたが私にお与えになりたい以上のものを望むでしょう？　なぜ私は自分の望みに適ったものを願って、自分を疲れさせるのでしょう。あなたは私の知性が考え合わせること、私の望みが望み得ることの限界をすでにご存じですし、私はそういうことがどのようにして自分に有利なのかを知りません。私の霊魂が利益を見出すと思っているところに、たぶん損失を見出すかもしれません。私がある苦しみから解放されたいとあなたに願うとします。ところで、その苦しみの目的は私を完全に抑制させることであったら、私の神よ、私はいったいなにを願っているのでしょう？　もしも私がその苦しみを送ってくださるようあなたに嘆願するなら、たぶんそれは、まだあまりにも弱く、そのような重い試練に耐えられない私の忍耐力に適しないかもしれません。たとえ私がそれを耐え忍んだとしても、私の謙遜が充分深くなければ、私は自分がなにかすばらしいことをしたと思いこむかもしれません。すべてをなさるのはあなたですのに、おお、私の神よ。もしも私が新しい苦しみを求めるとすれば、それが、あなたのご光栄になって、しかも自分の名声にも損失のないような事柄においてであることを望むでしょう、そしてそう望んでも、自分では名誉心に従っているとは思わないでしょう。しかし、たぶん、私が損失だと見るところに、あなたのご光栄のため、利益があるかもしれません。そして、私が望むことは、要するにそれなのです。」（神への叫び17・1）

神のみ手のなかに

「あなたのために生まれた私は　あなたのもの

私をどうなさる　おぼしめしでしょう?

至高の君
永遠の智
私の魂によくしてくださる　善
神　高貴　一　善良
今日　あなたにこの愛を　歌うものの
いやしさを　かえりみてください
私をどうなさる　おぼしめしでしょう?……

私はあなたのもの　あなたは私をつくられたから
あなたのもの　あなたは私をあがなわれたから
あなたのもの　あなたは私を忍《しの》ばれたから
あなたのもの　あなたは私を召されたから
あなたのもの　あなたは私を待たれたから

あなたのもの　私は亡びなかったから
私をどうなさる　おぼしめしでしょう?

何を命じられるのでしょう?　よき主よ
かくも卑しいしもべがするようにと……
どんな役割を　与えられるのですか
この罪人である　どれいに……
私は　おん目の前にいます　やさしい愛よ
甘美な愛よ　私は　おん目のまえにいます
私をどうなさる　おぼしめしでしょう?

ここにごらんになる私の心を
あなたのみ手のなかに置きます
私のからだも　いのちも　魂も
やさしい天配よ　私のあがないよ

あなたのものにと　私を献げたのですから
私をどうなさる　おぼしめしでしょう？

私に与えてください　死でも　生でも
健康でも　病でも
名誉でも　不名誉でも
戦いでも　増しゆく平安でも
弱さでも　欠けることのない力でも
どんなことにでも　私は、「はい」と答えます
私をどうなさる　おぼしめしでしょう？

私に与えてください　富でも　貧しさでも
慰めでも　心痛でも
歓喜でも　悲哀でも
地獄でも　天国でも

甘美ないのちよ、曇りなき太陽よ
何ごとにも　私は服しています
私をどうなさる　おぼしめしでしょう?

みこころに適《かな》えば　私に与えてください　念祷を
でなければ　乾燥を
信心と　豊かなあふれを
でなければ　実りなきことを
至上の君よ
この境地にしか　私は安らぎを見出しません
私をどうなさる　おぼしめしでしょう?

私に与えてください　知恵でも
あるいは　愛ゆえに　無知でも
豊作の年でも

あるいは　飢えと窮乏《きゅうぼう》でも
暗やみでも　明かるい日でも
ここかしこに私を　引きまわしてください
私をどうなさる　おぼしめしでしょう?

休ませたいと　おぼしめすなら
私は　愛ゆえに　休みたい
働くように命じられるなら
働きながら　死にたい
言ってください　どこで　そして　いつ?
言ってください　優しい愛よ　言ってください
私をどうなさる　おぼしめしでしょう?

私に与えてください　カルワリオでも　タボルでも
砂漠でも　豊穣《ほうじょう》の地でも

苦悩のうちのヨブにでも
み胸に憩《いこ》ったヨハネにでも
実ったぶどう畑にでも
そのほうがよければ　実らぬ畑にでもなりましょう
私をどうなさる　おぼしめしでしょう？

鎖《くさり》につながれたヨゼフにでも
エジプトの支配者にでも
艱難《かんなん》に耐えるダビデにでも
最高の地位にあるダビデにでも
水におぼれたヨナにでも
そこから救われたヨナにでも　なりましょう
私をどうなさる　おぼしめしでしょう？

黙っても　話しても

実を結んでも結ばなくても
律法が　私の傷をみせつけても
甘美な福音が　私をよろこばせても
苦しんでも　楽しんでも
私は　ただ　あなたを生きるだけ……
私をどうなさる　おぼしめしでしょう？

あなたのために生まれた私は　あなたのもの
私をどうなさる　おぼしめしでしょう？」（詩集2）

強さを求めて

「おお、至高の主よ！　あなたは何という力をお示しになるのでしょう。一匹の蟻にこれほどの大胆さをお与えになりますとは！　主よ、あなたをお慕いする人々が大いなる業を行わないとすれば、その責は、まったく私たちの怠慢と臆病とにあります。数知れない心配事と人間的なはからいをいっぱいもち込んでしまうので、なかなか踏み出す決心がつかないのです。おお、主よ、あなたが驚くべき、偉大なみ業を成し遂げられないのは、じつにそのためです。恩恵を分かち与えるべき者を見いだされる時、あなたほどお与えになることを好まれる方がありましょうか？　また彼のほうからも奉仕を受けることを喜ばれる方がありましょうか？　ああどうぞ、私もあなたの栄光のために、いくらかでもご奉仕したのでありますように。そして、あなたからいただいたこれほどのご恩のために、返すべき負債のほうが多くなりませんように。アーメン。」（創立史2・7）

かたくなな心に対して

「おお、私の魂よ！　このように偉大な神を永遠に祝すがよい！　どうして人は神に背くことができるのか？　恩恵の大きいことそれ自身が、忘恩者たちにとってなんという不幸であろう！　おお私の神よ、どうか御自らそこに救いの手段をもたらしてください。おお人の子らよ、いつまでかたくなな心をもち、このいとやさしいイエズスに反抗するためにそれを用いるのか？

いったいこれはなにを意味するのか？　私たちの悪意が、かりそめにも、かれにまさるとでもいうのか？　いいえ、そんなことはありえない。人の生命《いのち》は野の花のように過ぎ去る。そして処女《おとめ》マリアの御子は恐ろしい宣言を下すためにいつかおいでになるはず。おお全能なる私の神よ、私たちがそれを欲《のぞ》まなくても、あなたは私たちをお審《さば》きになるはずですから、その厳粛な時にあたって、あなたが私たちにご好意をお示しくださることが、私たちにとって、どれほど重要事であるかを、なぜ考えないのでしょう？　しかし、だれが、だれが、このように正しい審判者を欲《のぞ》まないでしょうか？　あの恐ろしい時に、あなたとともに喜ぶ人は幸いです、おお、私の神よ、私の主よ！

私はあなたが引き上げておやりになり、すぐ終わってしまう満足をえるために、どれほどみじめに自分を堕落させたかを認め、これからは、あなたに助けられて、いつもあなたをお喜ばせしようと決意している人のことを考えます。（あなたは、あなたを愛する人々に、決して恵みをお拒みになりません。おお、私の魂の宝よ。そしてあなたに向かって叫ぶ者の呼び声にかならず答えてくださいます。）　しかし主よ、かれはそのあと生きてゆけるために、どんな助けをもっているでしょうか？　洗礼の純白な衣という、あれほど偉大な宝を失ったことを思い出して、絶えまない死の苦しみの中にいるのではないでしょうか？　かれがおくることのできる最良の生活とは、この痛悔の思いによって、絶えず死んでゆく生活です。けれど、あなたを愛深い心で愛する霊魂が、どのようにしてこの苦しみに耐えてゆかれるでしょうか？」（神への叫び3・2）

光りを求めて

「ああわが主よ、ここで霊魂はあなたのお助けがなんと必要なのでございましょう！　それなしには、かれには何もできません。どうか、おんあわれみによって、お願いいたします、かれがあざむかれて、始めたばかりの仕事をなげうってしまうようなことを、お許しくださいませんように…。かれが、その幸福のすべてがいかにこの一事にかかっているかを知り、また悪い仲間から離れるように、光を与えてやってくださいませ…。かれにとってたいせつなことは、霊的な道を歩む人びとに心をうちあけること、また、自分と同じ住居にいる人たちだけでなく、もっとお城の中心に近い住居に進んでいると思われる人たちに接近することです。それは大きな助けとなるでしょう。というのは、親しく交際しているうちにこの人たちは（その影響で）ついにはかれを、自分たちのいる住居に入らせてしまうでしょうから。しかしかれは悪魔に負かされないように絶えず警戒していなければなりません。」（2霊魂の城1・6）

私たちの弱さの上に

「おお私の希望！　私の父！　私の創り主！　私の真の主！　あなたの楽しみは、人の子らとともにいることだ（箴言8・31）とおっしゃたことを思うとき、私の霊魂は非常な喜びをおぼえます。おお、天地の主よ、これはいったいなんというみことばでしょう！　これを聞いては、どんな罪人も信頼を失うことはないでしょう。けれども、おお、主よ、私のように卑しい小さな虫けらのもとに、たのしみを求めにおいでになるとは、他にそれを見出すところがおありにならないのでしょうか？　あなたは、御子が洗礼をお受けになったとき、ご自分のたのしみを、かれのうちにおくとのみ声をお聞かせになりました（マタイ3・17）。けれども、主よ、私たちはみな、かれと同等であるべきですか？　おお限りを知らぬ憐れみ！　おお、われらの功徳をはるかに越える高い恵み！　どうして私たち人間は、そういうことをみな忘れるのでしょう？　おお、私の神よ、私たちが陥《おちい》っている極度のみじめさをお思いください。そして私たちの弱さの上に、お目をおそそぎください、あなたはすべてをご存知なのですから。」（神への叫び7・1）

私のエゴが無くなりますように

「人間の知恵はなんとみじめで、それが予見することはなんと当てにならないのでしょう！（知恵9・14）私の霊魂が私の好みのままにではなく、あなたのお好みのままに、あなたのご光栄のために働くよう、必要な手段をあなたのみ摂理の中でととのえてください。もしもあなたの愛がよいと思われないなら、私の欲すること、望むことを与えて、私をお罰しにならないでください。そしてこの愛がいつも私のうちに生きていますように。それで、どうかもうこの私は死にますように、そして私よりもっと力ある御者、私自身よりもっと私にとってよい御者が私において生きてくださいますように。そして私はかれにお仕えできますように！　かれこそ生きてその生命を私に与えてくださいますように！　かれは君臨し、私はかれの捕虜《とりこ》でありますように！　私の霊魂はこれいがいの自由を欲《のぞ》みません。至高の主に対して他人《よそびと》である者が、どうして自由でありえましょうか？　ひとつの霊魂にとって、自分の創造主にもはや従属していないことといじょうに大きな恐ろしい隷属があるでしょうか？　神の憐れみの恩恵によって強く絆《ほだ》され、つながれて捕虜となり、もう自分の自主性をとり戻すことが不可能になっている人々は幸いです！『愛は死のように強く、地獄のようにかたくなである。』（雅歌8・6）」（神への叫び17・3）

感謝の祈り

「おおわが神よ、あなたはなんとよいおかたなのでしょう！　あなたはとこしえに祝せられ給え！　おおわが神よ、すべての被造物があなたの賛美を歌いますように！　私たちに対するあなたの愛は、この流謫の地において、もはや、あなたが霊魂たちとともになし給うこの交流について、真実に語ることができるほど、すばらしいものなのです。徳高い霊魂に関する場合でも、すでにそれは大いなるご仁慈、惜しげない恩恵、要するにそれはあなたが、あなたらしくお与えになるたまものです。おお無限の仁慈よ！　あなたのみ業《わざ》は、なんとすばらしいのでしょう。それは真理を悟ることが多少ともできるよう、この地上のむなしいことから充分解脱《げだつ》している精神を、驚嘆で満たします！　けれども、あなたにこのように多くそむいた霊魂たちに、これほど高い恩寵を与えられるとは、それこそ私の悟性をろうばいさせます。そしてこのことを考えますと、私はもうこれ以上続けることができなくなります。ではは私はあともどりするのではなしに、どこへ行くことができましょう。これほど高い恩寵のためには、感謝をささげると言っても、私はそれをどのようにすべきか知りません。」（自叙伝18・3）

喜べ

「おお、私の魂よ、喜べ、神が愛されるに価されるだけじゅうぶん愛するどなたかがおられるということを。神の慈しみと力とを知っているどなたかがおられるということを喜べ。その御一人子というこれほど、完全に神を知るかたを、地上に与えてくださったことを感謝せよ。このような支えがあれば、おまえは神に近づき、懇願をささげることができるだろう。主はおまえのうちにたのしみ給うのだから、主がどれほど、われらの愛と賛美とに価したもうかを見て、おまえの楽しみ喜びを、神の偉大さのうちにおくことを、この世のどんな被造物も決して妨げることができないように。主のみ名が祝されるために、おまえが、いくらかなりとも貢献できるよう、そして、『私の魂は主を崇め、主を賛えるように』と真実に言えるように、主のお助けを願え。」（神への叫び7・3）

アビラの聖テレサ 略年譜

一五一五年三月二十八日 スペイン・アビラにおいて誕生
一五三五年十一月二日 アビラのカルメル会ご托身修道会に入会
一五三七年十一月三日 ご托身修道院にて立誓願
一五三八年秋 次第に健康を失い、身体不随にいたり一五四一年まで続く
一五五四年 決定的回心
一五六二年八月二十四日 アビラの聖ヨゼフ新修道院の創立
一五六二年八月 自身の伝記を書くようにとの命を受ける（自叙伝）
一五六五年末 自叙伝を書き終え、「完徳の道」に着手
一五六七年四月 女子修道院を引き続き創立する許可をカルメル会総長より与えられ、さらに男子カルメル会修道院の設立許

可を得る

一五六七年九月から十一月にかけ十字架の聖ヨハネに会い、同聖人とイエズスのアントニオと共に改革男子カルメル会修道院の創立についで話しあう

一五七三年八月二十四日「創立史」を書き始める。多忙のため中断

一五七六年「創立史」の二十七章を書き足す

一五七七年六月二日「霊魂の城」を書き始める

一五七七年十一月二十九日「霊魂の城」を書き終わる

一五八二年六月「創立史」を書き終わる

一五八二年十月四日アルバ・デ・トルメスにて逝去

一六二二年三月十二日グレゴリオ十五世によって列聖

一九七〇年九月二十七日教皇パウロ六世によって教会博士の称号を授与される

参考文献・引用文献

(1)原書文献

原文で頻繁に起用される引用・参照は、一九九七年ブルゴスのモンテ・カルメロ出版社発行のトマス・アルバレス師編集「イエスの聖テレサ作品全集」から引用。Santa Teresa, Obras Completas. Edición preparada por Tomás Álvarez, Monte Carmelo, Burgos, 1997

(2)邦訳版

『イエズスの聖テレジア自叙伝』　女子跣足カルメル会東京三位一体修道院訳　サンパウロ、一九六〇年
『完徳の道』　東京女子カルメル会訳　ドン・ボスコ社、一九六八年
『霊魂の城』　東京女子カルメル会訳　ドン・ボスコ社、一九六六年

『創立史』　東京女子跣足カルメル会訳、泰阜女子カルメル会改訳
ドン・ボスコ社、一九六二年

『小品集（神への叫び、神愛考）』東京女子カルメル会・福岡女子カルメル会訳
ドン・ボスコ社、一九七一年

『詩集』　西宮カルメル会訳　一九八二年

カトリック中央協議会『教皇ベネディクト十六世の三三二回目の一般謁見演説
信仰とは何か』　二〇一二年

（注）日本では「アビラの聖テレジア」、「大聖テレジア」などとも呼ばれているが、
本書ではスペイン語の読み方に従ってテレサを用いている。

祈りの実践のために

テレサは、私たちを次のように祈りに導きます。キリストが私たちを見ておられることの気づきを大切にしましょう。

もう一つの視点は、キリストを通して眺めることです。

◇キリストは私たち一人ひとりを見ています。いつくしみ深く見ています。

◇このキリストの優しいまなざしに気づきましょう。

◇キリストから大切な人として見られていることを意識しましょう。

(完徳の道26章3参照)

◇キリストは何も要求しません。ただ、私たちがご自分に目を向けることを待っておられるのです。

◇この互いに見つめ合う中に、愛の関係が生まれてきます。

◇この関係が深まってくると、祈りの生活は成長するでしょう。
◇ここで、みことばを聞くという、もう一つの祈りの姿勢も生まれてきます。
◇テレサは、聖書の中の次の物語を、特に好んでいました。それはサマリアの女性の回心の物語（ヨハネ4・1—30）と、神殿で献金する民衆と貧しい寡婦を見てイエスが言われたこと（ルカ21・1—4）です。このようなイエスの見方を深く感じ、黙想していました。
◇このイエスの見方と視線を、少し沈黙のうちに眺めてみましょう。

このように、生きている神と出会うこと、これが本当の祈りです。

ハビエル・サンチョ（著者）
アビラの「聖テレサ・聖ヨハネ国際センター」
における研修グループの講話より

終わりに

主に導かれて十六世紀にカルメル会をまことの祈りの生活へと改革したイエスの聖テレサの、その祈りの方法を多くの人に知らせたいといつも思っておりました。この度、スペイン、アビラの「聖テレサ・聖ヨハネ国際センター」の所長ハビエル・サンチョ師の著書「聖テレサと共に祈る」の翻訳に、松岡順子様と安場由様が、私達の心を汲みとって、なみなみならぬご苦労をもって協力して下さいました。お陰でついに念願がかない、出版させていただける運びとなりましたことを、心から感謝しながら、今本当に大きな喜びを感じております。

そして、聖テレサの著作に造詣の深い山野内司教様が、お忙しい中を快く推薦状をお書き下さったことにも、ただ感謝でいっぱいです。

また出版を引き受けて下さった「聖母の騎士社」の山口神父様をはじめ大川乃里子様スタッフの方々にも心からお礼を申し上げたいと思います。

社会が物質文明に傾き、人の心が神から離れていく今の時代にあってこそ、私達の母である聖テレサが、この本を通して、自分が神から愛されていることを信じ、自分自身で深く体験した神との愛の交わりの喜びに、必ず読者の皆様を導いて下さると確信して、その恵みを祈っております。

またこの本の出版を願って、いろいろと陰でご協力くださった方々そして、校正協力を頂きました須澤千恵様にも心からお礼を申し上げたいと思います。

私達の母聖テレサが、皆さまのこれらすべてのご親切に必ず豊かに報いると信じて、言葉に表せない大きな感謝の中に祈っております。

二〇一九年十月十五日

(イエズスの聖テレジアの祝日に)

伊達カルメル会イエズスの聖テレジア修道院

《フランシスコ・ハビエル・サンチョ・フェルミン ocd
(Francisco Javier Sancho Fermín, ocd)》
カルメル会士、神学博士 (専門:霊性神学)
経　　歴　在ローマ・カルメル会国際神学院テレジアヌム 教授
現奉仕職　アビラ神秘大学学長、CITeS (Centro Internacional
　　　　　Teresiano Sanjuanista 聖テレサ・聖ヨハネ国際センター)
　　　　　所長、教授
　　　　　ブルゴス大学神学部教授
　　　　　サラマンカ・カトリック大学、アビラの聖テレサ研究員
著　　書　エディット・シュタインについての研究 (多数)
　　　　　カルメルの霊性、神秘学についての考察 (多数)
訳　　書　エディット・シュタイン全集 (共訳)
神秘学、霊性について生涯を捧げ研究し、ヨーロッパ各国、アメリカ、中南米、日本等の諸外国で講演活動、執筆活動、黙想指導等に携わる。

イエスの聖テレサと共に祈る

フランシスコ・ハビエル・サンチョ・フェルミン ocd 著
伊達カルメル会 訳

2020年5月31日　第1刷発行

発 行 者●竹 内 昭 彦
発 行 所●聖母の騎士社
〒850-0012 長崎市本河内2-2-1
TEL 095-824-2080/FAX 095-823-5340
E-mail: info@seibonokishi-sha.or.jp
http://www.seibonokishi-sha.or.jp/

校正・組版●聖母の騎士社
印刷・製本●大日本法令印刷株式会社

Printed in Japan
落丁本・乱丁本は小社あてにお送りください。送料は小社負担にてお取り替えします。
ISBN978-4-88216-380-0 C0116

聖母文庫

フランシスコ・ハビエル・サンチョ・フェルミン＝著　西宮カルメル会＝訳
地上の天国
三位一体のエリザベットの秘密

私たちの信仰が本物であり、役に立ち、生きていると感じられるように、エリザベットのメッセージが信仰を活性化する助けとなるように願っています。

価格500円（税別）

ヨハネス・ラウレス＝著　溝部脩＝監修　やなぎやけいこ＝現代語訳
高山右近の生涯
日本初期キリスト教史

溝部脩司教様が30余年かけて完成させた右近の列聖申請書。この底本となった「高山右近の生涯―日本初期キリスト教史―」を現代語訳版で発刊。

価格1000円（税別）

伊従信子＝編・訳
十字架の聖ヨハネの　ひかりの道をゆく
福者マリー＝ユジェーヌ神父に導かれて

マリー＝ユジェーヌ神父が十字架の聖ヨハネを生き、体験し、確認した教えなのです。ですから、十六世紀の十字架の聖ヨハネの教えは現代の人々にも十分適応されます。

価格500円（税別）

崎濵宏美
風花の丘（かざばなのおか）

春が訪れ夏が近づく頃まで、十字架の上でさらされた26人でありましたが、彼らの魂は……白く光る雪よりさらに美しく輝いて天の故郷へ帰っていったのであります。

価格500円（税別）

水浦征男
教会だより
カトリック仁川教会報に綴った8年間

ここに収めた「教会だより」は兵庫県西宮市のカトリック仁川教会報「タウ」の巻頭に2009年4月から2017年3月まで掲載されたエッセイです。

価格600円（税別）